보건실 즐겨찾기

현직 보건교사의
실무 노하우를 담은

보건실 즐겨찾기

이은아 지음

비비트리북스

책을 펴내며

"보건 선생님, 올해 새로 오신 우리 국어과 선생님이세요. 앞으로 잘 부탁해요."

국어과 부장님이 신규 선생님을 소개하며 학교 곳곳에 인사하고 있었습니다. 마치 어릴 적 학교에 처음 가는 아이의 손을 꼭 잡고 교문 앞까지 바래다주던 엄마 모습 같아서 순간 부러웠습니다. 그건 아마도 제가 학교에서 유일한 의료인이기 때문에 느끼는 부러움일지도 모릅니다.

'유일'하다는 것은 모르는 것이 있어도 학교 안에서 물어볼 선·후배가 없어서 오로지 혼자 헤쳐 나가야 한다는 뜻입니다. 다른 학교 보건 선생님께 물어볼 수도 있지만 각 학교의 사정이 모두 제각각이어서 도움을 청할 수 없고, 통화라도 하려면 그 잠깐 사이에 아이들이 수없이 보건실에 드나들다 보니 차분히 전화할 형편도 못 됩니다.

그러다 보니 수많은 시행착오 속에서 스스로 터득하고 해결해야 하는 일이 보건교사에게는 참으로 많습니다. 그중에서 경력 20년 차 선배 보건교사도 여전히 등에 식은땀이 난다는 응급상황이 저 역시 가장 어렵습니다. 그만큼 어느 누구의 도움을 받을 수 없기에 학교의 유일한 의료인 역할은 결코 쉽지가 않습니다.

문제가 생길 때마다 대학에서 배운 내용과 병원 근무 경력, 임용 고시 준비하면서 공부했던 것을 총동원하여 해결해야 했습니다. 하지만 혼자 판단하고 결정해야 하는 일을 앞두고 펼쳐 보았던 전공 이론서에는 보건실의 수많은 상황에 대한 해답이 나와 있지 않고, 시중에 나와 있는 책 역시 응급상황에 대해 주로 다루었거나 질환에 관한 이론 책들이 대부분이어서 보건실의 전반적인 내용을 담은 책을 찾을 수 없었습니다.

그래서 정도의 차이일 뿐 많은 보건교사들이 나와 똑같은 고충을 겪고 있을 거라 생각되었습니다. 그 생각이 《보건실 즐겨찾기》를 쓰게 만들었습니다. 이 책은 딱딱한 전공 이론서와는 차별화하여 15년 차 현직 보건교사의 생생한 실무 경험을 담아냈습니다. 우선 학교 보건실의 전반적인 업무를 제가 직접 겪은 다양한 사례를 통해 소개하여 현장감을 살리고자 했습니다. 한발 나아가 그 사례에서 터득한 저만의 노하우를 꼼꼼하게 기록하였습니다.

이 책이 학교 안에서 나 홀로 고군분투하고 있는 전국의 보건교사에게 길라잡이 역할이 되리라 기대합니다. 또 보건교사를 꿈꾸는 예비 보건교사에게도 소중한 정보가 되었으면 좋겠습니다. 무엇보다 학생들이 보건교사의 업무를 이해하여 보건실을 즐겨찾을 수 있으면 더욱 기쁘겠습니다. 마지막으로 현직 보건교사 또한 학교 안에서 발생하는 다양한 문제 해결을 위해 즐겨 찾는 책이 되길 희망합니다.

2023년 5월
보건교사 이은아

추천의 글

1

15년이라는 결코 짧지 않은 시간 동안 학생건강관리와 보건교육을 담당하는 보건교사로, 학교 현장에서 경험한 사례들을 진솔하게 나누는 책입니다. 보건교사 혼자 감당하기에 쉽지 않은 업무에 대한 이해도를 높여주고, 특히 '보건샘's Talk'를 통해 학교 현장에서 필요한 지식들을 각 항목별로 정리하여 필요에 따라 찾아볼 수 있도록 안내한 점이 흥미롭고 유익합니다. 보건교사를 꿈꾸는 학생들과 현직 보건교사들에게 매우 유익한 《보건실 즐겨찾기》를 추천합니다.

[이리초등학교장(전북대학교 간호대학 겸임교수) 전미숙]

2

 병원 생활을 뒤로하고 보건교사로 학교에서 근무한 지 26년. 다년의 경험으로 선배 대접을 받고 있지만, 이 길은 여전히 어렵고 외롭다. 특히 보건교사 교직 이수 학생들을 가르칠 때마다 '보건교사로서 이들에게 바른 이정표가 되고 있는가?'라는 물음을 던질 때가 많다.
 하지만 이제는 혼자 고민하지 않고 《보건실 즐겨찾기》와 함께 길동무 삼아 가야겠다. 길잡이 보건 선생님이 함께하니 헤매지 않고 길을 찾을 테니까!

[광주교육대학교 광주 부설초등학교 보건교사 양점희]

3

어떤 응급 상황에도 흔들림 없이 침착하게 주위를 살피고 해결책을 제시하는 보건 선생님의 힘이 어디서 나오는지 궁금했었다. 이 책을 읽어보니 늘 새로 고침 중인 지식과 끊임없이 노력하는 모습이 지금의 모습을 만들어 주지 않았을까 싶다. 외로워도 슬퍼도 즐겨 찾을 학교 보건교사가 있어 오늘도 학교 가는 길이 든든하기만 하다.

[동아마이스터고등학교 교사 김정자]

4

보건 선생님을 통해 아이들의 학교생활을 엿보는 빅재미. 교사로서, 의료인으로서, 상담가로서, 선배로서, 학생들을 깊이 이해하고 성심껏 대하는 이은아 선생님의 태도에 반하게 되는 책이다. 선생님의 경험을 녹여낸 이야기들은, 요즘 유행하는 숏츠나 시트콤을 보듯 재미있게 읽히는데 꽤 감동적이다. 응급처치 및 의료상식은 부모, 학생, 선생님들도 알고 있어야 할 것들이니 꼭 읽어보길 추천한다.

[대전 송촌고등학교 학부모 이은자]

5

학교에 다니면서 한 번도 안 가본 사람이 없는 우리 학교 1층 보건실. 이곳에 이렇게 다양한 일들이 있는지 몰랐다. 책을 읽으며 "어! 난가?", "으휴! 이건 너무했다."라고 찐~~으로 공감됐던 나와 내 친구들의 이야기. 그리고 보건 선생님의 따뜻한 마음이 느껴졌던 《보건실 즐겨찾기》. 이 책을 매일 같이 보건실을 찾는, 나와 같은 보건실 단골(?)들에게 추천합니다.

[동아마이스터고등학교 3학년 신예균]

차 례

책을 펴내며 5
추천의 글 8

PART 1 · 보건샘은 무슨 일을 하나요?

3대가 덕을 쌓아야 보건교사가 될 수 있다? 19
그들에게 나는 꼰대? 22
보건교사에게 스승의 날이란 26
600:1 29
개근? 그게 뭐라고 32
개근, 그게 뭐라고 2탄! 36
응답하라 보건실! 40
출발선이 다른 사람들 43
나의 평가표 46

PART 2 · 슬기로운 보건실 운영 노하우

역지사지 53
침대를 사수하라! 58

뜻밖의 위조 ... 61

나도 사람인지라 ... 64

이름 불러주기 ... 68

보건 선생님 때문에 학교에 가기 싫대요 ... 71

보건실 비수기? ... 76

백 마디 말보다 한 장의 문서 효과? ... 79

작전을 바꾸다 ... 83

2017년 졸업생 김성준 ... 86

PART 3 · 학교 보건실의 주요 건강문제와 대처법

물 먼저 먹어요? 약 먼저 먹어요? ... 93

순하리 처음처럼 ... 97

몸과 마음은 하나 ... 102

사랑의 콩 자루 ... 105

딱 한 장이면 충분해 ... 109

온몸이 쑤셔요 ... 112

빨간약 ... 115

후시딘과 마데카솔이 달라요? ... 118

말벌 조심해! ... 122

여기가 어디예요?	126
너희도 많이 힘들구나	129
크리스마스 선물	132
질주 본능	135
보건교사의 정보력?	138
대화가 필요해	142
니가 왜 거기서 나와?	146
뜨겁게 달궈진 프라이팬에서 달리기	149
사연 많은 엄지발가락	152
복통 그때 그때 달라요	156
묽은 변의 해프닝	159
포기 못 해 앞머리!	162
꽃미남의 길은 멀고 험하다.	165
감염병. 어김없이 또 왔구나!	169
잊지 못할 2020년 여름	173
법정 감염병 vs 비법정 감염병	177
세균성 뇌수막염 & 무균성 뇌수막염	180
너도 아프니? 나도 아프다!	183
미세먼지와 함께 시작하는 새 학기	186

PART 4 · 즐겁고 건강한 보건수업 만들기

보건은 시험 과목이 아니잖아요!! 193

학생은 5G, 선생님은 2G 198

성 고충 상담실 203

새내기의 눈물 206

남학생들에게 여성가족부란? 210

무조건 예쁜 여자? 214

솔직한 성 218

사나이의 찐 분노 221

가랑비에 옷이 젖듯 224

저희 아빠 화 나셨어요 228

선무당이 사람 잡는다 232

PART 1

보건샘은 무슨 일을 하나요?

3대가 덕을 쌓아야 보건교사가 될 수 있다?

 보건교사가 되고 나서 3대가 복을 쌓아야 보건교사가 될 수 있다는 이야기를 종종 들었다. 들을 때마다 참 웃프다고 할까. 보건교사 되기가 어렵다는 말로 들리기보다, 일하기 편한 '꿀 보직'이라고 비꼬는 말처럼 들려서이다. 그래서인지 어이없는 전화는 잊을 만하면 이렇게 가끔 보건실로 걸려 온다.
 "선생님, ○○대학교 연구소입니다. 새로 출시한 건강음료 소개를 들어주시겠어요? 도시락 드릴 테니 친한 동료 선생님 10명만 보건실로 모집해 주세요."
 보건실을 학교 사랑방 정도로 생각하고 있는 모양이다.
 "요즘에도 이런 용도로 보건실을 사용하는 학교가 있나요?"
 이 짧은 대답은 학생과 교직원의 건강관리를 위해 전문적인 예방교육과 치료를 하는 보건실을 동네 사랑방으로 생각하지 말라는 나의 한 맺힌 외침이다. 오늘은 이렇게 상황을 정리해 보지만, 많은 사람들의 생각이 이와 같을 거라 생각하니 마음이 무겁다. 신종플루가 전국적으로 유행했던 2009년, 정년퇴직을 앞둔 선생님이 내게 무심코 던졌던 한마디가 오늘따라 귓가에 맴돈다.
 "내 교직 생활 30년 만에 보건교사가 이렇게 바쁜 모습 처음 보네."

보건샘's Talk

우리 학교 보건실에는 테이블과 의자 세트를 놓지 않습니다. 업무적으로 협의나 회의를 해야 할 때는 업무용 책상 옆에 추가로 의자를 놓고 합니다.

보건실에서 선생님들이 모여 회의를 하는 경우, 학생들이 멈칫하며 보건실에 들어오기 어려워하기도 하고 자칫 사적 모임으로 보이는 경우가 종종 있어서입니다.

'오얏나무 아래에서는 갓끈을 고쳐 매지 말라'는 옛 속담이 있듯이, 보건실에 테이블과 의자 세트 대신 학생들을 위한 대기용 의자를 더 많이 배치하는 것을 추천합니다.

※오얏나무 아래에서는 갓끈을 고쳐 매지 말라
: 충분히 오해받을 수 있는 환경에서는 오해받을 만한 행동은 하지 말라는 뜻

보건교사의 배치기준

■ 학교보건법 제15조(학교에 두는 의료인·약사 및 보건교사)

② 학교(「고등교육법」 제2조 각호에 따른 학교는 제외한다. 이하 이 조 및 제15조의 2에서 같다.)의 제9조의 2에 따른 보건교육과 학생들의 건강관리를 담당하는 보건교사를 두어야 한다. 다만, 대통령령으로 정하는 일정 규모 이하의 학교에는 순회 보건교사를 둘 수 있다. 〈개정 2021. 6. 8.〉

③ 제2항에 따라 보건교사를 두는 경우 대통령령으로 정하는 일정 규모 이상의 학교에는 2명 이상의 보건교사를 두어야 한다.

■ 학교보건법 시행령 제23조(학교에 두는 의료인,약사,보건교사)

제15조 제3항에서 "대통령령으로 정하는 일정 규모 이상의 학교"란 36학급 이상의 학교를 말한다. 〈신설 2021. 12. 9.〉

그들에게 나는 꼰대?

학생: (아침 저녁으로 날마다 키를 잰다)
보건교사: 매일 그렇게 재면 키가 커?

학생: OOO 약 있어요?
보건교사: 그 약이 무슨 약인지는 알고 있어? 증상을 말하면 선생님이 알맞은 약을 처방하는 것이 맞지 않을까?

학생: (보건실 문을 벌컥 열고 다짜고짜) 감기약 있어요?
보건교사: 인사 먼저 하면 좋을 것 같아.

학생: (순서를 지키지 않고 대화 중에) 밴드 주세요.
보건교사: 순서를 지켜줄래? 선생님은 한 명인데 동시에 여러 명이 말하면 봐줄 수가 없어.

학생: (사소한 일로 수업 시간에 방문한다)
보건교사: 아주 위급한 일이 아니면 가급적 보건실은 쉬는 시간에 오면 좋을 것 같아.

학생: 이번 시간은 보건실에서 쉴게요.

보건교사: 증상을 먼저 말해줘야 선생님이 진단하지. 요양이 필요한지 병원 진료가 필요한지 판단할 수 있어.

하루에 열두 번 키를 측정하러 와도, 다짜고짜 원하는 약을 달라고 해도, 맘대로 한 시간 쉬겠다고 해도, 쉬는 시간에는 매점에 가고 수업 시간에 보건실에 와도, 나는 녀석들의 말에 토를 달지 말아야 한다. 녀석들은 지금 당장 필요한 것을 충족만 하면 되니까 말이다. 잘못된 언행에 대해 알고 싶지도 듣고 싶지도 않은데, 본인의 허락 없이 지적하니 얼마나 듣기 싫고 귀찮겠는가. 하지만 녀석들이 말하는 대로 다 들어준다면 보건실에는 교사 말고 편의점 주인이 더 어울리지 않을까?

그래서 나는 녀석들이 말하는 '꼰대'를 선택했다!

보건샘's Talk

　꼰대라는 단어는 권위적인 사고를 가진 어른이나 선생님을 비하하는 학생들의 은어로 최근에는 꼰대질을 하는 사람을 가리키는 의미로 사용되고 있으며, 어원에 대해서는 영남 사투리인 '꼰대기'와 프랑스어 '콩테(Comte)'에서 유래됐다는 주장이 있다.

　꼰대라는 단어가 주는 부정적인 기류는 이 시대의 과제이기도 하다. 한 세대를 가르는 30년의 시간은 강산이 3번이나 바뀐다는 시간이다. 30년 전에 30살 차이가 나는 어른이 이해가 가지 않았듯, 30살 어린 친구들을 온전히 이해하는 것은 불가능한 일이다. 하지만 세대 갈등을 풀어갈 주체는 나이 많은 어른들만이 할 수 있는 영역의 일이다. 그래서 나는 꼰대라는 사실을 인정하기로 했고, 이왕 꼰대라고 불린다면 어른다운 꼰대가 되기로 결심했다.

[출처: https://blog.naver.com/ihappy4080, 이유 없이 행복하라!]

보건교사 배치의 필요성

1. 초등학교

① 초등학교 학생들은 신체적·보건·위생적으로 기본 생활 습관 형성기로서 성장 단계에 맞는 체계적인 지도가 요구된다.
② 최근 발표한 학생 신체검사 결과 10년 전과 비교해 체격은 커졌으나 상대적으로 체력과 건강 상태는 저하되었다.
③ 건강교육 및 골절 등 각종 안전사고 대비책으로도 교사인 동시에 의료인의 자격을 가진 보건교사의 배치가 절실히 요청된다.

2. 중·고등학교

① 중·고등학교 학생들은 신체적·정신적 성장이 완성되어가는 시기로서 2차 성장이 나타나게 된다.
② 사춘기를 지나면서 성 문제, 흡연, 음주 및 약물 오남용 등 건강 훼손의 위험이 증가하고 있다.
③ 따라서 이에 대한 예방 관리 지도를 체계적으로 담당할 의료인의 자격을 가진 보건교사가 필요하다.

보건교사에게 스승의 날이란

딸아이의 초등학교 입학을 앞두고 6개월 육아휴직을 했다. 대학 졸업 후 처음으로 갖는 휴가여서 행복했고, 기저귀를 떼기도 전에 엄마 품을 떠나 어린이집을 다녔던 딸아이와 시간을 보낼 수 있어서 감사했다. 이렇게 엄마와 아내의 역할에 한창 취해 있던 어느 봄날, 초인종이 울렸다.

"딩동! 딩동!"

문밖에는 멋진 세 남자가 빨간 카네이션을 들고 서 있었다. 놀랄 사이도 없이 '스승의 노래' 합창이 시작되었다.

'스승의 은혜는 하늘 같아서~'

성복이, 동욱이, 홍범이의 합창을 들으며 비로소 오늘이 스승의 날임을 알았다. 녀석들의 갑작스러운 이벤트에 가슴이 뭉클해져 주책없이 눈물 콧물 다 쏟았다.

사실 담임을 맡지 않는 보건교사에게 스승의 날은 평소보다 더 못한 날이기도 하다. 각반 교실에서 울려 퍼지는 스승의 날 노랫소리를 나 홀로 보건실에서 들으며 울적해지는 참 애매한 날이기 때문이다. 이것도 한 해 두 해 시간이 흐르니 무뎌질 대로 무뎌졌다고 생각했는데, 학교도 아니고 집까지 찾아와서 스승의 날을 챙겨주니 감동을 넘어 너무나 감사했다. 지도교사가 없어 마지못해 맡은 국악동아리가 인연이 되어 나의 애제자가 된 녀석들!! 잊지 못할 오늘 하루를 나에게 선물해 줘서 고맙고, 고맙다.

보건샘's Talk

신규 동아리를 맡아 줄 교사가 없어서 뜻하지 않게 전공과 관련이 없는 국악동아리를 맡은 적이 있습니다. 처음에는 원하지 않았던 일이라서 당황스러웠는데 시간이 지날수록 새로운 활동을 통해 얻는 즐거움이 컸습니다. 매년 반복되는 업무가 답답했던 저에게는 오히려 새로운 활력소가 되어 보건 업무에 도움이 되었습니다.

'피할 수 없으면 즐기자'는 마음을 가지고 보건교사라는 타이틀 때문에 꼭 건강과 관련된 활동만 해야 한다는 고정관념에서 벗어나도 좋을 것 같습니다. (단, 응급상황을 대비하여 보건실에서 상주하며 할 수 있는 동아리면 좋을 것 같습니다.)

보건교사의 자격 기준

(1) 보건교사

① 보건교사는 보건교사 자격 기준에 해당하는 사람으로서, 교육부 장관이 검정·수여하는 자격증을 받은 사람을 말한다.
② 보건교사는 특수학교·초등학교·중등학교 등에 있으며, 학력 또는 경력에 따라 1급과 2급으로 구분된다.
③ 초·중등교육법에 규정된 교사에는 정교사(1급·2급), 준교사, 전문상담교사(1급·2급), 사서교사(1급·2급), 실기교사, 보건교사(1급·2급) 및 영양교사(1급·2급) 등이 있다.

(2) 자격 특징

① 보건교사는 간호학과 전공 학생이 별도의 교직과정을 이수하고, 간호사 시험에 합격하여 간호사 면허를 취득하고, 교육부 장관이 검정·수여하는 보건교사 교원자격증을 발급받아야 한다.
② 국·공립학교의 보건교사가 되려면 교원 임용시험에 합격해야 한다.

[출처: Naver 지식백과]

600:1

 2학기가 시작되는 9월, 간호학과 학생 2명이 교직 실습을 나왔다. 녀석들이 좋아할 것이라고 예상은 했지만, 보건실 자동신장계가 고장 날 정도로 몰려올지는 몰랐다. 평소에 자주 오던 녀석은 물론이고, 자주 오지 않았던 녀석들까지도 보건실 문턱이 닳도록 왔다. 심지어 체육 시간에 다친 친구를 부러워하는가 하면, 종이에 손가락만 살짝 베여도 몰려왔다.

"보건 선생님은 어떻게 되는 거예요?"
"보건 선생님도 교사가 맞아요?"

 그동안 학생들에게 이런 질문을 받을 때마다 내심 불편했다. 이 질문에 대한 답을 녀석들에게 직접 가르쳐 주고 싶어서 교직 실습 지도를 한번 해보자는 결정을 했다. 결과는 내 의도와 달랐다. 보건실은 매일 붐볐고, 교생선생님들에게 나의 일상을 온종일 공개하는 것 또한 여간 부담스럽지 않았다. 이런 내 마음도 모르고 교생선생님 곁에서 마냥 행복한 표정을 짓고 있는 녀석들이 나는 신기했다.
"교생선생님이 왜 그렇게 좋아?"

"우리를 보고 웃어줘서 좋아요. 샘은 잘 웃지 않으시잖아요."

나에게는 1:600의 학생들, 학생들에게는 600:1의 선생님. 나에게는 온종일 보는 학생들, 녀석들에게는 가끔 보는 선생님. 서로 다른 시선과 생각. 아, 내일부터 잃어버린 웃음을 찾아 나서야 하는 건가?

보건샘's Talk

보건실이라는 단독 공간에서 나 홀로 근무하며 종일 아픈 학생을 접하다 보면 나도 모르게 우울해질 때가 있습니다. 직업 특성상 겪어야 하는 일이지만 이 우울함이 누적되어 자칫 나의 성격과 태도가 되지 않도록 일부러 시간을 내서 학교 이곳 저곳을 순회합니다. 비록 목적지는 자동 제세동기와 실습실 약품함이지만, 보건실을 벗어나면 나름 기분전환이 된답니다. 잠시 보건실 밖으로 나와 보세요.

5분만 걸어도 행복해진다

아침이면 더욱 좋고, 점심시간도 괜찮다. 딱 5분만 걸어라. 태양, 하늘, 바람, 나뭇잎을 보고 느끼면 순간 긴장이 풀리고 마음이 가벼워진다. 아! 참 좋다. 상쾌하다. 세포의 외침이 들린다. 단, 한 가지 조건이 있다. 그냥 걸으면 안되고 하나하나의 느낌에 주의를 기울여야 한다. 마음을 가다듬어야 한다. 뺨을 스치는 시원한 바람, 푸른 하늘, 눈부신 태양, 나무의 흔들거림…. 아! 좋다. 이 말이 절로 나온다. [출처: 〈세로토닌 하라〉, 중앙 books, 이시형 저]

보건교사 교원자격증 취득 절차

1. 보건교사를 위해서 교직과정 이수는 필수과정이다. 다른 교과목은 학과에서 교직과정 이수를 못 했어도 졸업 후 교육대학원을 통해 이수할 수 있지만, 보건교사를 위한 교직과정 이수는 간호학과에서만 가능하므로 교직과정 이수를 못 하고 간호학과를 졸업했을 때 다시 준비할 방법은 간호학과를 1학년부터 다시 다녀야 한다.

2. 교직과정 이수자 선발은 간호학과 1학년 성적으로 2학년 학기 초에 정원의 약 10% 정도 선발된다. 졸업까지 좋은 성적을 유지해야 하며 간호사 국가고시에 합격한 후 정교사 2급 자격증이 주어진다. (※ 교직 이수 인원은 학교마다 다르다.)

3. 교직과정 이수자는 졸업 시 간호사 면허증과 보건교사 2급 자격증 2개가 주어지고, 교직 미이수자는 간호사 면허증만 주어진다.

4. 교직과정 이수(보건교사 2급 자격증)는 보건교사 임용고시 응시 조건 중 하나다.

개근? 그게 뭐라고

  보건실 문이 열리고 들어오는 C 군은 금방이라도 쓰러질 듯한 모습이다. 밤새 복통과 구토를 했다는 C 군은 책가방을 메고 보건실로 등교했다. 병원으로 가야 할 학생이 학교에 온 이유는 '개근'이란다. 아침부터 화가 난다. 몸도 제대로 가누지 못하는 아이를 교문에 내려주고 간 부모님이나, 개근을 해야 하니 보건실에 누워있게 해달라는 학생이나, 둘 다 이해할 수가 없었다. 수업을 들을 수 없는데 학교에 있는 의미가 무엇이냐는 나의 질문에 대답은 역시 같다.

"개근!"

  학생에게 보건실 요양 시간은 1일 1시간인 학교 규정을 설명했다. 무엇보다 밤새 구토를 했기 때문에 탈수 증상이 올 수 있어 위험하다고 판단한 나는 담임교사에게 연락했다. 담임교사는 학부모를 대신해 학생을 데리고 병원에 다녀왔다. 담임이 무슨 죄인지….
  집에서 밤새 아팠던 학생, 주말에 다쳤던 학생, 일주일 내내 콜록거린 감기를 주말에 아무런 조치 없이 방치해서 월요일에도 그대로 등교하는 학생까지 모두 포용해야 하는지 묻고 싶다.

"학교와 보건실의 역할은 어디서부터 어디까지인가요?"
학교에 요구하는 것이 점점 많아지는 요즘, 가정에서 해야 할 최소한의 것은 가정에서 챙겨줬으면 하는 바램을 가져 본다.

보건샘's Talk

전국 단위로 신입생을 선발하고 있는 우리 학교는 학생들이 기숙사 생활을 하고 있어서 아이들이 병원에 가야 할 일이 생기면 담임교사가 데리고 가거나, 담임교사가 수업이 있을 때는 보건교사가 병원에 동행합니다.

그리고 타 지역에서 온 학생이 아니어도 요즘은 맞벌이 가정이 많아서 연락을 드려도 쉽게 학교에 오실 수 있는 경우가 많지 않습니다. 고등학생 정도면 혼자 가까운 병원에 충분히 다녀올 수 있지만, 열이 나거나 심한 복통 등으로 보호자 동행이 필요한 경우도 왕왕 있어 교사가 동행하고 있습니다.

학교에서의 응급환자 이송체계

1. 위급상황으로 즉각적인 이송이 필요한 경우

① 최초 발견자는 침착하게 상황을 관찰하고 안전한지 확인
② 보건(업무 담당) 교사에게 즉시 연락(필요시 119도움 요청)
③ 보건(업무 담당) 교사는 신속하게 환자의 활력징후를 측정, 응급처치, 이송 여부 판단
④ 학부모의 선호 의료기관을 확인하고, 이송 과정을 알림
⑤ 학부모에게 연락되지 않을 경우, 학부모 권한 대행자에게 연락
⑥ 교직원(담임교사 또는 보건교사)은 학부모에게 인계전까지 의료기관에서 보호자 역할 대행
⑦ 보건(업무담당) 교사는 의료인에게 환자 인계전까지 전 과정의 응급처치 상황을 처치 기록지에 기록·보관

2. 위급하지 않으나 병원으로 이송이 필요할 경우

① 보건교사는 상황에 따라 응급조치 후 담임교사에게 연락
 : 염좌, 단순골절 의심, 열성질환, 단순 외상, 기타 병원 진료가 필요한 경우 담임교사는 즉시 학부모에게 연락

② 담임교사는 학부모에게 인계 또는 학부모와 함께 병원으로 이송(담임교사 부재 시 학교에서 지정한 이송 담당자가 대행하며, 이는 사전에 응급관리 계획에 포함해서 지침 수립)
③ 교사가 병원 이송으로 부재 시 교감은 대체 교사 지정

[출처: 학교에서의 응급의료 관리체계 매뉴얼, 교육부]

개근, 그게 뭐라고 2탄!

    퇴근 후 C 군의 담임교사에게 전화를 받고 한동안 멍했다. 지난주에 개근 때문에 병원에 가지 않겠다고 했던 그 학생의 아버지가 민원을 제기했다는 것이다. 병원에 억지로 데리고 가서 개근상을 못 받게 되었으니 학교(담임교사)에 그 책임을 묻겠다는 것이다. 아픈 학생을 처치해 주지 않아 민원을 제기하는 학부모는 봤지만, 아픈 학생을 처치해 줬다고 민원을 제기하다니 어이가 없었다. 밤새 구토와 복통으로 아팠던 아이를 아무런 조치도 없이 등교시킨 것도 이해할 수 없었는데 말이다. 게다가 부모를 대신하여 아이를 병원에 모시고(?) 가서 진료받게 하고 병원비까지 낸 담임교사에게 감사의 인사는커녕 말도 안 되는 항의까지 하다니 정말 화가 났다.

    당황해 하는 담임교사에게 교육부에서 발행한 '학교에서의 응급의료 관리체계 매뉴얼'을 설명해 줬다. 밤새 구토한 학생의 경우 탈수의 위험이 있어 '응급환자 병원 후송 절차 및 처리요령'에 따라 학교에서 잘 대처한 것이라고 담임교사를 안심시켰다. 내 설명을 들은 담임교사는 해당 학부모에게 차분하게 전달했고, 당장 교장실로 쳐들어오겠다던 학부모는 간단한 사과를 남기고 일단락 되었다.

"제가 지금 갈 수 없어요. 선생님께서 병원 다녀오세요."
"집에 어른이 없으니 급식은 먹여서 보내세요."
"7교시까지 보건실에 누워있게 해주세요."
"택시비 저희 아이에게 빌려주시고, 계좌번호 찍어주세요."

보건실에서의 투약과 요양보다는 병원 진료가 필요해서 연락한 학생의 부모님들이 나에게 한 답변들이다. 묻고 싶다.

"학교에서 해야 하는 범위가 어디까지인가요?"

보건샘's Talk

종종 자초지종을 들어보지도 않고 화부터 내는 학부모 민원전화를 받을 때가 있습니다. 가는 말이 고와야 오는 말이 곱듯, 그럴 땐 저도 좋은 감정으로 대하기가 힘듭니다. 한 번은 잔뜩 화가 나서 전화한 어머님의 얘기를 일단 다 들어본 후 답변한 적이 있었습니다.

부드러움이 억셈을 이기고 약함이 강함을 이긴다고 하더니, 신기하게도 방금까지 그렇게 화를 내셨던 어머님의 목소리가 갑자기 누그러지는 게 아니겠어요?

그날 이후 저는 민원전화를 받으면 일단 "아…, 그러셨군요…. 많이 속상하셨겠어요."라는 말을 먼저 합니다.

보건교사의 직무

① 학교보건 계획의 수립
② 학교 환경위생의 유지관리 및 개선에 관한 사항
③ 학생 및 교직원에 대한 건강검사 실시의 준비와 실시에 관한 협조
④ 각종 질병의 예방 처치 및 보건지도
⑤ 학생 및 교직원의 건강 관찰과 학교 의사의 건강상담·건강평가 등의 실시에 관한 협조
⑥ 신체허약 학생에 대한 보건지도
⑦ 보건지도를 위한 학생 가정의 방문
⑧ 교사의 보건교육에 관한 협조와 필요시의 보건교육
⑨ 보건실의 시설·설비 및 약품 등의 관리
⑩ 보건교육 자료의 수집·관리
⑪ 학생건강기록부의 관리
⑫ 다음의 의료 행위(간호사 면허를 가진 자에 의한다)

   ㉠ 외상 등 흔히 볼 수 있는 환자의 치료
   ㉡ 응급을 요하는 자에 대한 응급처치
   ㉢ 부상과 질병의 악화를 방지하기 위한 처치

ⓔ 건강진단 결과 발견된 질병자의 요양지도 및 관리
　ⓜ ⓐ 또는 ⓔ의 의료 행위에 따르는 의약품의 투여

응답하라 보건실!

"선생님! 여기 다쳤어요."
"어디? 여기?"
"아이고, 너무 많이 다쳐서 119 불러야겠네."
 치료할 정도의 상처가 아니라는 내 농담을 이해했는지 녀석은 씩 웃는다. 보건실을 찾는 사연은 참 다채롭다. 종이에 손가락을 베였다고, 여드름이 터졌다고, 손톱깎이 빌려 달라고, 휴지가 급하게 필요하다고, 단추 떨어진 교복에 실과 바늘이 필요하다고, 교복에 김칫국물 튀었다고, 매니큐어 지우는 아세톤이 필요하다고, 선크림이 필요하다고 등등. 녀석들이 수시로 찾아오는 이곳은 바로 보건실이다.
 이렇게 다양한 요구에 모두 응답해 주길 바라는 우리 학교 1층 보건실. 하지만 때에 따라 응답해 주지 못할 때가 있다. 그럴 때면 나의 고객들(?)은 매우 섭섭해한다. 심하면 삐지기도 한다. 남자아이들도 참 잘 삐진다. 자기는 나름 아프고 불편해서 왔는데 응답해 주지 않으니 기분이 좋을 리 있겠는가. 찜찜하게 보내 놓고 나면 나 역시 마음이 편치 않고 그냥 가는 녀석들도 만족스럽지 않다. 그래서 모두 접수!! 각양각색의 사연에 모두 응답해 주고, 그런 녀석들을 건강관리를 잘하는 학생이라고 좋게 생각하기로 했다.

그리고 나니 한결 마음이 가벼워져 좋고, 어이없는 표정을 짓지 않아도 되니 두루 두루 좋다. 이렇게 나는 오늘도 마음공부를 하며 조금씩 조금씩 프로가 되어간다.

 보건샘's Talk

한 번은 동료 선생님이 보건실에서 자신의 근황 얘기를 하던 아이를 보고 깜짝 놀랐던 적이 있었습니다. 선생님께 이유를 들어보니 그 아이는 말수도 별로 없고 웃는 모습도 거의 본 적이 없는데, 교실에서와는 다른 모습이어서 그랬다고 합니다. 그 말을 듣고 보니 아이들은 갑갑한 교실에서 벗어나 잠시 휴식을 취할 수 있는 곳으로 보건실을 택하는 것 같습니다. 게다가 저는 학업 성적으로 얽혀있는 선생님도 아니고 평가와 무관하니 더욱 편할 것 같다는 생각이 들었습니다. 온갖 말도 안 되는 것까지 보건실에서 왜 찾느냐며 한 소리 하곤 했었는데….

이게 다 편해서 그런 거라고 위안을 삼으며 앞으로도 보건실 문을 활짝 열어둬야겠습니다.

학교 보건실의 기능

① 보건실 방문 학생을 대상으로 응급처치 및 투약, 건강상담 및 건강 정보를 제공한다.
② 보건실은 처치실, 안정실, 건강상담실, 보건교육실의 역할을 할 수 있도록 편안한 분위기, 쾌적한 환경 및 업무의 효율성 등을 고려한 물리적인 환경을 조성하고 정비한다.
③ 연간 계획에 따른 학생건강증진사업을 수행하고 각종 제 장부의 비치 및 기록을 관리한다.
④ 학생건강관리를 위한 교직원, 학부모, 지역사회 유관기관과 긴밀한 협력관계를 유지한다.

[출처: 2022 경기 학교보건 실무 매뉴얼]

출발선이 다른 사람들

"선생님의 2020년 성과 등급은 A입니다."

매년 3월이면 나에게 평가표가 날아온다. 코로나 팬데믹 상황에서도 보건교사인 나는 어김없이 같은 내용의 문자를 받았다. 평가? 무엇을 평가한다는 건가. 2020년 학교에서 코로나19보다 더 중요했던 업무가 무엇이 있었던 말인가.

개교 이래 지금까지 2020년만큼 보건교사들이 바쁘고 힘들었던 해가 또 있었을까 싶다. 결국 평가라는 명목으로 줄 세우기를 하는 이 게임에서 나는 퇴직할 때까지 'S'를 받지 못하게 되어있다. 이 잣대로라면 말이다.

출발도 하기 전에 이미 순위가 정해져 있는 달리기. 나는 더 이상 뛰고 싶지 않다. 호루라기 소리에 맞춰 똑같은 출발선에서 달려 나갔던 초등학교 운동회처럼, 내가 뛴 만큼 내 손목에 도장을 찍고 싶다.

보건샘's Talk

담임교사와 교과 교사 위주로 점수 배점을 정해 놓은 교원평가는 비교과 교사(보건, 영양, 사서)에게 절대적으로 불리한 기준입니다. 평가 지표를 변경하지 않고서는 최하위 등급을 면할 방법이 없는 구조로 애초부터 정해져 있으니까요.

그래서 저는 평가 지표를 변경해 보고자 다면평가 위원으로 참여를 했었습니다. (*평가 지침에 비교과에서 1인이 참여하도록 권장하고 있음)

다행히 일정 부분 수정이 되긴 했지만, 여전히 불리한 평가입니다. 그런데 위원으로 참여해 보니 내 밥그릇은 내가 챙겨야 한다는 것을 깨달았습니다. 제 그릇 챙기기도 바쁜데 남의 그릇까지 챙겨줄 여유는 없으니까요.

교원 성과급 제도

 2001년 도입된 교원 성과급제는 전체 교사를 평가로 등급을 매긴 뒤 성과급을 차등 지급하는 제도다. 교직 사회의 경쟁 유도를 통해 교육의 질을 제고한다는 목적으로 도입됐다.

 평가에 따른 등급은 △ S등급(상위 30%) △ A등급(상위 30~70%) △B등급(하위 30%)으로 구분된다.

 평가 방법은 성과상여금 지급 지침과 교육공무원 승진 규정에 따라 단위 학교 '다면평가 관리위원회'에서 이루어지며, 성과 평가에 활용되는 다면평가 정량 지표 세부 항목은 학습지도(30), 생활지도(30), 담당업무(30), 전문성 개발(10)로 이루어져 있다.

 [출처: 다음 백과사전]

나의 평가표

"보건실에 갈 때마다 없어요."

이 말은 매년 학생들이 나에게 주는 교원평가 결과다. 매년 겪는 일인데도 평가 내용에 초연해지지 않는다. 점심시간과 화장실을 갈 때를 제외하고 모두 보건실을 지켰는데도 그 말을 들으면 억울하다. 오죽했으면 매년 같은 답변을 듣는 것이 너무 싫어서 작심하고 보건실에만 틀어박혀 있었던 해도 있었다. 그럼에도 불구하고 평가 내용은 그해에도 여전히 같았다.

일 년에 한 번을 오더라도 그때 보건실 문이 닫혀 있으면 보건 선생님은 100% 올 때마다 없는 사람이 되는 것이 아이들의 논리다. 3분 만에 끓여지는 라면과 주문 즉시 나오는 패스트푸드에 익숙한 요즘, 아이들에게 기다림은 익숙하지 않은 듯하다.

학교 안의 유일한 의료인으로 대체 불가능한 나는 필요할 때 바로바로 해결하길 원하는 학생들을 위해 오늘도 붙박이장처럼 보건실을 지키고 있다.

 보건샘's Talk

　교원능력개발평가는 익명성이 바탕이 되어 주관적으로 이루어지는 평가이다 보니 상처 되는 일이 생기기도 합니다. 지극히 주관적인 내용인 것을 뻔히 알고 있지만, 막상 결과를 받아보면 기분이 상하기 마련입니다. 그래서 저는 사실에 근거하여 객관적으로 평가해 준 내용 위주로 보려고 노력합니다. 부정적인 답변일지라도 사실에 기반한 내용이라면 충분히 검토하지만, 사사로운 개인 취향과 감정으로 쓴 답변은 검토하지 않습니다. 이것이 바로 교원 전문성 향상을 위해 실시하는 교원능력개발평가의 취지니까요.

교원능력개발평가

　교원 능력 신장 및 학생과 학부모의 공교육 만족도 향상, 공정한 평가를 통한 교원의 지도 능력 및 전문성 강화를 통한 학교 교육의 질적 향상을 위해 매년 교원을 평가하는 제도이다.

　교원능력개발평가의 평가는 관리자, 동료 교사, 학부모, 학생의 참여로 이루어진다. 평가 주기는 교육청 및 단위 학교 시행계획에 따라 연 1회 이상 실시 가능하며, 당해 연도 11월 말까지 평가를 거쳐 8개월~1년가량의 연수 및 능력 개발 기간을 준다.

　평가 방법은 평소 관찰, 수업 참관, 설문조사서를 통해 이루어지며, 평가 결과는 개별 교원들에게 비공개적으로 통보된다.

[출처: 위키백과, 네이버 지식백과]

PART 2

슬기로운 보건실 운영 노하우

역지사지

　오랜만에 대학 동기 모임에 나갔다. 우리는 서로 안부를 묻는 것도 잠시, 누가 엄마들 아니랄까 봐 자연스럽게 아이들 이야기로 화제를 돌렸다. 맞벌이하면서 아이 키우기 힘들다는 이야기가 주를 이뤘다. 그중 아이 아플 때가 직장맘에게는 가장 힘들다고 말하던 한 친구가 갑자기 나에게 질문을 던졌다.
　"아이들이 아프면 보건실에서 좀 쉬게 해주지, 왜 자꾸 담임 선생님은 전화해서 아이를 집으로 보내겠다는 거니? 집에 아무도 없는데 말이야."

　간호사인 친구는 병원에서 바쁘게 일을 하는 중에 담임교사의 전화를 받았던 모양이다. 친구 아이가 열이 난다며 병원에 가봐야 할 것 같으니 집으로 보내겠다는 내용의 전화였다고 했다. 친구는 집에는 보살펴 줄 어른이 없으니 보건실에 쉬게 하던지, 집으로 보낼 거면 아이 급식은 꼭 먹여서 보내라고 부탁했다는 것이다.
　내심 무척 놀랐다. 우리가 흔히 얘기하는 '진상 학부모'가 내 주변에 있다니…. 게다가 나와 같이 간호학을 공부했고, 병원에서 환자를 돌보고 있는 현직 간호사여서 나는 놀라지 않을 수가 없었다.

순간 욱했던 마음을 진정시키고 아이의 담임교사는 너무도 잘 처리했고 학교의 규정이 그렇다고 설명했지만, 친구는 계속 납득할 수 없다는 표정이었다. 그리고 아이가 아프면 선생님이 병원을 데리고 가 줄 수도 있는 거 아니냐며 학교에 대한 불평은 계속되었다.

개근해야 한다며 하루 종일 아이를 보건실에 눕혀놓는 학부모, 친구와 싸워 골절과 출혈이 있는 아이를 학교에서 알아서 병원에 데리고 가라고 하는 학부모, 급체로 보건실에서 구토하고 온통 토사물로 범벅이 된 아이를 닦아준 보건교사에게 아무 말도 없이 쌩하니 아이만 데리고 가버리는 학부모, 수업이 있어서 아픈 학생을 데리고 병원에 갈 수 없는 담임 선생님, 독감 유행 시기에 독감이 옮으면 어쩌냐며 아이들 병원은 보건교사가 가길 바라는 교과 선생님, 보건교사 부재 시 2차 사고 발생에 대비하여 보건실을 지켜야 하는 보건교사 ….

모두가 각자의 입장은 있다.

오늘따라 유난히 집으로 돌아오는 길이 쓸쓸하기만 하다.

보건샘's Talk

'꿀 보직'이니 '신의 직장'이라는 말들. 이는 보건교사에게 꼬리표처럼 따라다니는 수식어입니다. 담임도 안 맡고 수업 시수도 적은데 혼자 교실 한 칸을 차지하고 있으니, 겉으로 보기에 얼마나 편해 보이겠습니까.

학생 A: 선생님 심심할 것 같아 일부러 다친 거예요.

교사 A: 혼자 있으려면 심심하겠어요.

교사 B: 내가 보건교사라면 정년 꽉 채우겠어. 이만한 직장이 어딨어?

교사 C: 보충수업 안 하고 칼퇴근할 수 있으니 좋겠어요.

보건실 실상을 모르고 아무 생각 없이 내뱉는 말들에 구차하게 설명하고 싶지 않아 저는 저만의 마인드컨트롤 주문을 외웁니다.

"그럴 수 있어!"

그러다 보면 어느 날 보건실을 겉에서 말고 안에서 들여다본 사람들의 얘기가 들립니다.

"보건실로 공문이 이렇게 많이 오는지 몰랐어요. 공문 배분을 해 보니 알겠어요."

이 또한 그럴 수 있어!

* 그럴 수 있어: 가수 양희은의 에세이 〈그러라 그래〉 중에서

학교에서의 응급의료 관리체계 매뉴얼

구분	환자 상태가 위급하거나 중한 외상이 있는 경우	위급하지 않으나 병원으로 이송해야 하는 경우
상황	의식장애·호흡곤란·약한 맥박·심정지·다량 출혈·개방골절·응급수술을 요구하는 경우	단순외상·단순골절·고열 등으로 의료기관에서의 조치를 필요로 하는 경우
보건교사	■ 응급처치 ■ 담임교사에게 통보 ■ 병원 이송 시 동행(119 구급대 동승) ■ 관리자에게 처치 현황 보고	■ 응급처치 ■ 담임교사에게 통보 ■ 처치 결과 학부모 상담 ■ 관리자에게 처치 현황 보고
담임교사	■ 학부모 연락 ■ 관리자에게 사고 경위 보고 ■ 환자 병원 이송 ■ 치료 후 보상 안내	■ 학부모 연락 ■ 학생 병원 이송 안내 및 조치 ■ 필요시 병원 이송 ■ 관리자에게 경위 보고 ■ 치료 후 보상 안내

구분	환자 상태가 위급하거나 중한 외상이 있는 경우	위급하지는 않으나 병원으로 이송해야 하는 경우
후송 절차	■ 환자 최초 발견자가 발생 즉시 상황 판단 후 119 신고 및 보건교사에 연락 (판단이 모호할 경우 문의 전화 → 119 자문) ■ 교내 보고 체계(사고 경위, 후송병원 안내) ① 보건교사 → 담임교사 → 학부모 연락 ② 보건교사 또는 담임교사 → 교감 → 교장 ■ 보건교사와 담임교사가 병원으로 후송 ■ 학생 진료 상황을 수시로 학교에 보고	■ 보건교사 → 담임교사 → 학부모 연락 ■ 학생은 학부모와 함께 병원으로 후송 ■ 학부모와 연락이 되지 않거나 올 수 없을 경우 담임, 부담임 동행 ■ 보건교사는 발생할 수 있는 또 다른 응급환자를 위하여 교내 대기(단, 담임교사 부재 및 기타 부득이한 경우는 보건교사가 후송)

(교육과학기술부 발간, 11-1341000-001919-01)

침대를 사수하라!

　수확의 계절 가을이 되면 고등학교 3학년 녀석들도 꽤 쓸 만하게 영글어간다. 중딩 티를 못 벗어난 1학년을 보내고 질풍노도의 시기를 겪는 2학년을 보내고 나면, 어느덧 대화가 가능한 3학년이 된다. 그 말인 즉 졸업할 때가 됐다는 것이다. 그래서인지 그때쯤 부쩍 3학년 녀석들의 보건실 방문이 잦다.
　"선생님 보건실 침대에 어떻게 하면 누워 볼 수 있어요?"
　용균이와 종인이가 졸업전에 꼭 해보고 싶은 버킷 리스트라며 웃는다. 그러고 보니 약을 먹으러 보건실에 오는 녀석들도 종종 침대를 가리키며 똑같은 질문을 하곤 했었다. 아무래도 보건실 침대에 누워 본 학생보다 누워 보지 못한 학생이 훨씬 많다 보니 보건실 침대는 녀석들에게 늘 동경의 대상이 되는 것 같다.

　"졸업 전 버킷 리스트라는데 그게 뭐 어려운 일이라고 누워 봐!"
　나의 오케이 사인에 신이 난 두 녀석은 그날 보건실 침대에 누워 소박한 호사를 누렸다.
　요즘은 졸업과 동시에 뒤도 돌아보지 않고 학교를 떠나는 녀석들이 태반인데, 학교에 미련 가득한 눈빛으로 졸업을 서글퍼 하는 녀석들을 보니 한없이 예쁘기만 하다. 그리고 녀석들이 건강하게 졸업해 줘서 참 고맙다.

보건샘's Talk

　종종 수업 시간에 조는 학생을 보건실로 보내는 선생님이 계십니다. 깨워도 깨워도 계속 자고 있으니 얼마나 속이 터지겠습니까? 그 마음은 충분히 이해 됩니다. 하지만 밤새 게임 하느라 잠이 부족하거나, 야간 아르바이트로 잠이 부족한 아이들을 보건실에서 요양하도록 허락할 수 없어 저도 난감하기만 합니다. 이는 보건실 요양 규정에 맞지 않을 뿐 아니라, 보건실은 여관이 아니니까요.

　그래서 제가 할 수 있는 최선책은 잠이 고픈 아이들을 차가운 물로 세수시키고 어깨를 두드려 주며 다시 교실로 보내는 것입니다. 그러면 보건실로 보낸 학생을 다시 교실로 되돌려 보냈다고 언짢아 하시는 선생님들도 계시지만, 보건실 요양이 절실히 필요한 학생들을 위해 따가운(?) 눈총은 감수하려 합니다.

＊ 학생을 교실로 보내기 전에 해당 선생님께 전화를 드려 상황 설명을 하는 것도 좋습니다.

보건실 침상 안정 규정

- 안정되고 쾌적한 분위기를 조성하여 아픈 학생이 최적의 안정을 취하여 빠른 회복으로 학습활동에 복귀할 수 있도록 돕는다.
- 안정실은 남·여를 구분하고 관찰이 쉽게 하며, 학생이 요양 중일 때는 수시로 환자 상태를 확인한다.
- 안정실 이용 시에는 이용 사유를 파악하여 입실 지도하고, 출입 확인증 또는 내부 메신저 등을 사용하여 담임(교과)교사가 학생의 건강 상태를 확인할 수 있도록 한다.
- 증상의 악화를 우려하여 안정실은 1시간 요양을 원칙으로 하며, 장시간 요양이 필요할 때는 병원 진료 및 가정 요양하도록 보호자에게 인계한다. 특히, 발열의 경우 감염병 예방을 위해 가급적 보호자에게 인계하고, 결과를 확인한다.
- 안정실 이용이 출결사항과 관계될 경우, 학년 초 사전 협의 후 교직원 연수 시 안내한다.

[출처: 2022 경기 학교보건 실무 매뉴얼]

뜻밖의 위조

2교시 체육 시간에 보건실에서 쉬고 싶다고 찾아온 L 군. 어제 계단에서 넘어져 체육을 할 수 없다며 병원에서 받아온 진료 소견서를 내게 내밀었다. 과목별로 수행평가가 한창 진행되고 있던 터라 해당 교과의 상황을 알 수 없어 보건실 입실증에 교과 선생님과 담임 선생님의 서명을 받아오라고 했다.

보건실 입실증에 서명을 받아온 L 군은 2교시에 잘 쉬고 교실로 돌아갔다. 그런데 점심시간에 보건실로 찾아온 L 군의 담임 선생님은 뜻밖의 얘기를 꺼냈다.

2교시 수업 시간에 없어진 L 군을 찾기 위해 한바탕 난리가 났다는 것이 아닌가. 수소문 끝에 보건실에 있다는 것을 알게 된 담당 교사는 L 군을 무단 결과처리 했다는 것이다. 여기까지 듣고도 나는 도무지 이해되지 않아 L 군이 가져온 보건실 입실증을 내밀며 물었다.

"선생님! 보건실에서 쉬도록 허락하신 거 아니에요?"

보건실 입실증을 본 담임교사는 깜짝 놀라 한참 동안 말이 없었다. 알고 보니 L 군이 가져온 보건실 입실증은 위조된 것이었다. 고등학교는 초등학교처럼 학급에 전화가 없어 수업 중에 교사와 연락하기가 쉽지 않다. 수업 중 교사가 핸드폰을 사용하는 것도 민원의 대상이 되기 때문에 수업 중에는 보건실 입실증에 의사 표현을 해준다. 하지만 급하게 전달해야 하거나 직접 알려야 할 내용이 있는 경우에는 직접 유선으로 통화를 한다. 그런데 누가 이런 공적인 문서에 겁도 없이 위조할 거라고 생각이나 했겠는가. 단 한 번도 의심해 본 적 없는 아이들을 이제 어떻게 바라봐야 할지 내 머릿속은 혼란스러웠다. 믿지 못한다면 일일이 확인을 해야 하는 것인지…. 점점 불신이 쌓여가는 현실에 맥이 풀린다.

보건샘's Talk

L 군은 중학교 때에도 입실증을 위조하여 종종 보건실에서 요양했는데 그때마다 가벼운 꾸중으로 끝나 고등학교에서도 별일 없을 거라는 생각을 했다고 합니다. 과거에 어땠던 간에 졸업 전에 바로잡을 수 있어 다행이라 생각하고 교내 규정에 따라 선도위원회를 열었습니다. 고의였다면 잘못된 행동에 대한 책임을 져야 하고, 모르고 저지른 행동이었다면 큰 깨달음을 얻는 계기가 되기를 바라서였습니다.

보건실 이용 절차

1. 담임(교과)교사에게 입실 허락을 받아 제출한다.
2. 보건실에 입실 허락을 받은 입실 허가증을 제출하고, 절취된 보건실 입실 확인증을 출석부에 꽂아 놓거나 담임교사에게 제출한다.

   - 매 학년 초에 학생, 교직원, 학부모를 대상으로 보건실 이용에 대해 안내한다. (가정통신문, 학교 홈페이지, 학부모 총회, 보건실 앞 교직원 연수 등을 활용)
   - 입실 확인증은 출결 사항의 질병 결과에 대한 증빙자료로 이용할 수 있을 뿐 아니라 학생 소재 파악에 중요한 증빙자료이다. (무단 외출, 결과, 조퇴 예방)
   - 입실 확인증은 수업 중 보건실 이용 학생에 대한 처치 확인으로 갈음할 수 있어 학생과 교사와의 소통 자료로 이용할 수 있다. (학생이 다녀간 시간을 기재하여 선생님들께서 확인할 수 있도록 한다.)

   ※ 보건실 운영은 학교별 상황에 따라 달리 운영할 수 있다.

   [출처: 2023 한눈에 보는 보건 업무 길라잡이, 서울시 교육청]

나도 사람인지라

보건실 문이 스르르 열리며 보이는 Y의 얼굴. 나도 모르게 표정이 굳어진다. Y는 나에게 연고를 내밀었고, 이 연고를 발라주는 일이 오늘로써 한 달 째다. 3학년인 Y는 1학년 때부터 예민한 성격 탓에 친구들 사이에서 상처를 많이 받았다. 매사에 정확하고 빈틈이 없는 성격의 Y는, 가벼운 상처에도 그 상처가 완전히 치료될 때까지 매일 똑같은 시간에 보건실을 방문한다.

"소독을 안쪽까지 해주세요."
"인터넷에서 봤는데, 이 상처는 이렇게 하는 것 아닌가요?"
"좋아지고 있나요?"

나의 치료를 신뢰하지 못하는 것처럼 들려 다소 듣기 거북할 때가 많았다. 그래서일까, 언제부터인지 Y의 등장과 함께 내 표정이 굳어졌다. 나도 사람인지라.
Y는 고3이 되자 심한 스트레스로 탈모가 와서 그 부위에 연고를 발라 달라고 한 달째 매일 보건실에 오고 있다. 머리 뒷부분이라 보이지 않아 자기 혼자 바를 수 없는 데다, 기숙사 같은 방 친구들에게 보

이고 싶지 않다는 이유다. 짠한 마음도 있지만 바르는 내내 계속되는 Y의 말에 내 감정은 중심을 잃어간다.

"상태는 괜찮나요?"
"빨갛게 된 그곳은 여전히 빨갛나요?"
"연고는 고르게 발라야 하는데, 연고 바른 상태를 핸드폰으로 찍어서 보여줄 수 있나요?"

부탁은 늘 깍듯이 했지만 왠지 모를 얄미움에 마음이 불편한 나는 오늘도 숨 고르기를 한다.
후우! 후우!

보건샘's Talk

　학기 초 건강실태조사를 통해 건강 문제를 가진 학생을 파악하고, 학교에서 보호가 필요하다고 인정되는 학생들에 대해 전체 교직원 연수를 합니다. 선생님들이 해당 학생을 조금이라도 빨리 이해할 수 있도록 가급적 3월 중으로 연수를 하고, 자료는 프레젠테이션으로 준비합니다.

　질환 명, 치료 상황, 학교생활과 수업 시간에 주의해야 할 사항에 대해 중점적으로 전달하고, 선생님들이 해당 학생을 잘 기억할 수 있도록 학생 사진도 함께 첨부합니다. 그리고 자료는 개인정보보호를 위해 따로 배부하지 않고, 필요한 사항은 별도로 선생님들께서 메모하도록 안내합니다.

　매년 하는 연수지만 모든 교직원의 체계적인 협조가 있어야만 아이들이 안전한 학교생활을 할 수 있습니다. 그래서 저는 어느 연수보다 '요양호 학생 연수'를 가장 열심히 준비합니다.

보건실 방문 학생의 지도

보건실에 오는 학생들은 여러 가지의 문제를 가지고 찾아온다. 보건교사는 우선 모든 문제점을 수용하는 태도로 학생들을 대하고, 학년에 따라 적절한 말로 대할 것이며 자료에 의거해서 기왕력과 신체적인 특성을 파악하고 나서 문제점을 정확하게 끌어내야 한다.

학생을 대하는 보건교사의 자세

- 부드럽고 친절한 마음
- 도움을 주겠다는 적극적인 수용 자세
- 사람들에 대한 순수한 관심
- 적극적인 청취 자세
- 효과적인 의사소통 능력
- 인격을 존중하는 자세
- 비판이나 평가하지 않는 자세
- 전문가적인 자세
- 충고나 설득보다 내담자의 잠재력 발견과 성장을 도와주는 자세

[출처: 보건교사 길라잡이 2, 박문각]

이름 불러주기

  딸아이가 저녁을 먹으며 얘기를 꺼냈다. 학교 보건실에 가면 보건선생님이 컴퓨터로 무언가를 바삐 하시느라 얼굴을 쳐다보지도 않은 채 어디가 아프냐고 물어보셔서 너무 무섭다는 것이다.
  '아이가 힘들어서 갔을 텐데 따뜻하게 물어봐 주시지….'
  보건교사가 아닌 엄마의 입장에서 들으니 서운한 마음이 들었지만, 집중하던 일에서 눈을 떼지 않은 채 어디가 아픈지 물어봤던 나도 별반 차이가 없어 순간 뜨끔했다.
  "보건 선생님이 아마 급하게 처리할 일이 있어서 오늘만 그러셨을 거야."
  마치 내 입장을 대변이라도 하듯 아이를 다독이며 저녁 식사를 마무리했다.
  다음날, 아이가 했던 말이 계속 신경이 쓰여 의식적으로 하던 일을 멈추고 보건실에 들어오는 녀석들과 눈을 맞췄다. 그리고 한 걸음 더 나아가 이름을 불러줬다.
  "준희야! 어서 와. 몸이 안 좋아?"
  "선생님! 제 이름을 어떻게 아셨어요?"
  이름을 듣고 녀석은 무척 놀라워했다. 무뚝뚝한 얼굴만 있는 줄 알

앉던 녀석이 활짝 웃으며 좋아하는 것을 보니 기분이 좋았다. 그동안 눈 맞추고 이름 불러주는 것이 뭐가 그리 어려운 일이라고 안 했는지 후회가 됐다.

이제라도 아이들과 눈을 맞추며 아이들 말에 더욱 귀를 기울여야겠다는 다짐을 했다. 부쩍 깜박 깜박하는 나의 기억력을 단단히 붙들어서라도 앞으로 녀석들의 이름을 꼭 불러줘야겠다.

시우야! 승빈아! 세형아! 종민아!

보건샘's Talk

이름 불러주기는 관심과 사랑의 표현이다. 이름을 불러주면 심층에 있는 잠재 심리가 자극되어 기분이 좋아지고 상대에게는 호감을 느끼게 되며, 서로에게 친밀감이 생긴다. 이름을 부르면 그 사람이 가진 모든 느낌과 감정을 함께 불러온다. 이름을 부르는 것은 관심과 사랑의 표현이고, 자신이 중요한 존재라는 자긍심을 갖게 하는 가장 좋은 칭찬이다. 사랑이란 다정한 목소리로 이름을 불러주는 것의 또 다른 표현이다.

[출처: 한국아동상담학회, 성남교육지원청 교수학습국장, 정종민]

보건실 방문 학생의 문진

언제부터(시기), 어디가(부위), 어떻게(성상), 왜(원인),
4항목을 듣는 것이 기본이다.

1. 예측하고 질문하거나 유도적인 질문이 되어서는 안 된다.
2. 학생의 표정을 보면서 순서를 정해 올바른 정보를 수집한다.
3. 목격자가 있으면 그 학생에게서 듣는다.
4. 증상이 있는 부위는 확인하면서 파악한다.
5. 부상을 입었을 때는 가능하면 현장 상황을 재연시킨다.
6. 과오나 과실로 인한 것이 명백한 때라도 비난하지 않는다.
7. 증상을 들을 때는 예를 들면서 듣는다.
8. 지금까지 같은 증상이 있었는가를 듣는다.

[출처: 보건교사 길라잡이 2, 박문각]

보건 선생님 때문에 학교에 가기 싫대요

 "보건 선생님 때문에 우리 애가 스트레스를 받아서 학교에 가기 싫대요."

 나를 찾아온 1학년 담임 선생님이 학부모 민원전화 내용을 조심스레 꺼낸다. 이미 이 상황을 잘 알고 있는 담임교사와 나는 허탈해 서로를 말없이 바라봤다.

 학교에 기숙사가 있다 보니 아이들을 데리고 병원에 다녀올 일이 생기는데, 그럴 때 현금이 없는 아이들을 대신해 병원비를 수납하는 경우가 종종 있다. 거기까지는 선생님으로서 충분히 할 수 있는 일이다. 하지만 그 뒤에 곤란한 상황이 때때로 벌어진다. 빌려준 병원비를 깜박해서 안 가져오기도 하고, 가정 형편이 어려워 못 가져오기도 하고, 상습적으로 안 가져오기도 한다. 그럴 때마다 아이들을 불러서 돈 얘기 하는 것이 정말 곤혹스럽다. 그렇다고 병원에 갈 때마다 병원비를 다 내줄 수도 없고, 병원비 없는 학생을 나 몰라라 할 수도 없는 노릇이니 난감하기 짝이 없다.

 그리고 오늘, 이 난감한 일의 끝판왕이 등장했다. 바로 그 주인공은 입학하자마자 지각, 조퇴, 무단결석, 수업 태도 불량 등으로 여러 선생님의 속을 태우고 있는 K 군이다.

두 달 전쯤 K 군은 두통을 호소하며 보건실에 왔다. 증상 확인을 위해 이야기를 나눠보니 조퇴하고 싶은, 일명 '꾀병'이었다. 소기의 목적을 달성하지 못하자 K 군은 갑자기 병원에 가야겠다고 했다. 담임교사에게 알린 후, 병원비가 없는 K 군에게 돈을 빌려주고 친절하게 병원에 보냈다. 그리고 몇 주가 흘렀다. 우연히 복도에서 K 군을 보니 까마득하게 잊고 있었던 병원비가 불현듯 생각이 났다.

"K! 지난번에 빌려준 병원비 선생님에게 줘야지?"

"돈 없어요. 알바해서 돈 받으면 그때 줄게요."

미안한 마음이라곤 전혀 찾아볼 수 없는 K 군의 불량한 언행에 불쾌한 마음이 들었다. 만원 정도는 그냥 넘길 수도 있지만 그러면 안 될 것 같았다. 이것 또한 교육이기 때문에 K와 충분히 얘기하고 지킬 수 있는 날짜를 스스로 정하게 했다. 하지만 K를 믿어 보기로 했던 나의 기대를 저버리고 K는 끝내 약속을 지키지 않았고, 그때마다 온갖 불평과 귀찮음을 표현했다. 그렇게 두 달이 지났다. 그리고 학부모에게 경고를 받았다.

"우리 아이에게 스트레스 주지 마세요."

철부지 10대는 어려서 그런다 치지만, 어른인 학부모는 어떻게 이해해야 한단 말인가. 참…어렵다.

보건샘's Talk

■ 학교 안전사고 예방 및 보상에 관한 법률 제36조

응급환자 이송에 동행한 교사 및 학교에서 치료비를 지불한 경우에는 학교안전공제회에 청구 가능함

■ 학교에서의 응급의료 관리체계 매뉴얼(교육과학기술부)

학생 개인의 지병, 자해, 자살 등으로 인한 사고의 경우는 피해 학생의 보호자(학부모)가 부담하여야 하고, 학교폭력과 같이 가해자가 있는 사고의 경우는 가해 학생의 보호자(학부모)가 부담하여야 함

보건실 방문 학생의 건강 관찰

1. 건강 관찰 대상

① 과다한 결석(수업일수의 10% 이상)을 하는 경우
② 빈번한 결석, 지각 및 조퇴자
③ 비정상적인 용모나 행위를 하는 자
④ 지나치게 피로하게 보이는 자
⑤ 빈번하게 아프거나 학급에서 과다 행동을 하는 경우
⑥ 교사가 보기에 정서적인 문제가 있거나 만성질환이 있는 경우
⑦ 심각하게 상해를 입었거나 상해를 입기 쉬운 학생인 경우
⑧ 빈혈과 같은 유전질환의 소인을 가지고 있는 경우
⑨ 특이하지 않으나 호소를 많이 해오는 학생의 경우

2. 건강 관찰 결과 이상 학생의 처리사항

① 교사가 건강 관찰에서 건강 이상자 발견 시에는 보건교사에게 보낸다.

② 아동을 상담하고 전 담임, 학부모 순으로 상담하여 해결 방법을 찾는다.
③ 계속 돌봐야 할 증상이나 질병을 가진 아동은 돌볼 아동 조사표에 기록하여 계속 관찰 및 관리한다.
④ 또는 가정으로 돌려보내 가정에서 병원 진료를 받게 한다.
⑤ 전문인의 자문이 필요한 경우는 전문가에게 의뢰한다.

[출처: 보건교사 길라잡이2, 박문각]

보건실 비수기?

　더위를 예고하듯 아침부터 날씨가 푹푹 찐다. 늘 북적이는 보건실도 오늘 같은 날에는 아이들의 발길이 뜸해진다. 내가 붙인 일명 '보건실 비수기'다. 날씨가 소비심리를 좌우하듯, 아이들도 너무 덥거나 추울 때는 교실에서 에어컨과 히터를 꼭 끌어안고 있느라 잘 움직이질 않는다. 학교에 행사(시험 기간)가 있는 날 역시 상황은 같다. 그렇다면 날씨와 상황에 따라 치료해도 그만, 안 해도 그만인 가짜 꾀병 환자가 많다는 건가?

　수학자가 암호를 풀 듯 한가로운 틈을 타 보건일지를 살펴본다. 날씨와 행사의 흔적이 고스란히 묻어 있는 보건일지는 보건교사에게 중요한 자료다. 우선 계절별로 유행하는 질환을 파악할 수 있어 필요한 예방교육과 약품을 미리 챙길 수 있다. 이와 더불어 보건실 이용 현황도 볼 수 있어 개인별 건강관리를 할 수 있는 유용한 자료가 보건일지다. 그리고 응급처치 기록과 학생 건강상담에 관한 내용은 사건 발생 시 법적 효력을 발휘할 수 있는 중요한 단서가 될 뿐 아니라, 나를 보호할 수 있는 보험이기도 하다. 보물지도 같은 보건일지를 만들기 위해 나는 오늘도 학년, 반, 이름을 묻고 또 묻는다.

보건샘's Talk

'규태 아빠 보건일지'는 어느 보건 선생님의 남편분이 개발한 보건일지 프로그램인데, 감사하게도 무료로 배포해 주셔서 전국의 보건 선생님들이 유용하게 사용하고 있습니다. 이밖에도 무료로 사용할 수 있는 '천사일지 프로그램'도 있고, 유료로 사용할 수 있는 '스쿨닥터 프로그램'이 있습니다.

보건일지 프로그램을 이용하면 요양호 학생 등록, 처치내용 입력, 보건 행사와 상담내용 등을 입력할 수 있고, 매월 엑셀로 다운 받아 내부 결재를 받을 수 있습니다.

- 천사일지: 천사방(https://www.1004bang.net) ☞ 보건업무 ☞ 보건일지
- 규태 아빠 보건일지: https://blog.naver.com/kyutaemom/
- 스쿨닥터: http://www.school-doctor.co.kr

보건일지의 기록과 관리

보건교사가 학교보건법 시행령 제23조에 근거하여 제공한 의료행위를 기록한 것으로 의료법 제 2조와 의료법 제 22조에 의하여 상세히 기록하고 보존해야 할 책무가 있음

- 안전사고 및 응급처치에 대한 법적 분쟁 시 근거자료
- 개인정보보호에 유의하여 보건일지는 전산 프로그램으로 관리 가능 (내부 결재 시 '비공개' 설정, 전산프로그램은 학교 밖 시스템 연계 관리 불가)
- 매일 업무 활동을 기록하고 매월 통계 작성, 출력 또는 파일로 보관
- 학교의 건강 문제를 파악, 진단하는 도구로 다음 연도 계획 수립 및 보건 업무 예산 편성의 객관적인 기준이 됨
- 학생(또는 보호자)이 보험회사, 학교안전공제회 등 보건일지 사본 요구 시 개인정보보호 관련하여 보건일지 사본 제공 요건이 갖춰지면 다른 학생의 이름과 정보는 비공개 처리하고 결재를 득한 후 제공
- 응급 후송 기록지는 별도의 양식 또는 보건일지 전산 프로그램의 양식을 활용하여 관리

[출처: 2022 경기 학교보건 실무 매뉴얼]

백 마디 말보다 한 장의 문서 효과?

 추적추적 내리는 빗길을 뚫고 학교에 거의 다다를 무렵 휴대폰이 울렸다. 불길한 예감은 늘 적중하듯 전화기 너머로 들리는 긴장감은 순간 대형 사고임을 짐작하게 했다. 서둘러 학교에 도착해 보니 한 녀석이 일어나지 못한 채 복도에 누워있었다. 비가 오는 아침에는 우산과 신발에 묻은 빗물로 복도가 젖어 매우 미끄럽다. 자칫 뛰기라도 하면 큰일이 날 것 같아 늘 조마조마했는데, 오늘 바로 그 큰일이 일어난 것이다. 119를 불러 후송한 녀석은 결국 척추뼈 2개가 골절되었고, 한동안 입원 치료를 받아야만 했다.
 학교 시설로 인해 외상을 입는 경우가 종종 있다. 그럴 때마다 행정실에 시설 점검을 요청하지만, 예산과 절차와 시기 등 여러 이유로 바로 조치가 이루어지기 힘들다. 오늘 아침에 일어난 복도 사고도 여러 번 건의한 내용이었는데, 막상 일이 이렇게 되고 보니 조금 더 강력하게 요청했어야 한 건 아니었나 후회가 남는다.
 그래서 깨달았다. 백 마디 말보다 한 장의 문서가 효과적이라는 사실! 잦은 외상을 초래하는 학교 내 시설물이 발견되면 직접 가서 현장을 확인하고 학생의 부상 상태와 시설물 사진을 첨부하여 공식적인 문서로 접수하는 것이다. 효과는 놀라울 정도로 처리 속도가 빨랐다. 그리고 학교에서의 조치과정을 사진으로 찍어 학생 부모님께 전송해드리니 무척 고마워하셨다. 일명 보건실에서 드리는 '고객 만족 서비스 ^^'.

 평소에 학교 내 시설물의 안전상태를 체크하여 대형 사고가 일어나지 않도록 하는 것 또한 보건실의 중요한 역할임을 새기며, 오늘도 어디서 어떻게 다쳤는지 꼬치 꼬치 물어보련다.

보건샘's Talk

 언젠가부터 다른 학교로 출장 갈 일이 생기거나 관공서에 갈 때면 저도 모르게 시설을 살피게 됩니다. 한 번은 비가 오는 날 출장 갔던 학교의 현관에 깔아 놓은 미끄럼 방지용 매트가 너무 탐이 나서 사진을 찍어 행정실에 보여준 적이 있습니다. 눈이나 비 오는 날 미끄러져 다치는 아이들 때문에 계속 고민을 하고 있었던 터라 그 매트가 반가웠던 것 같습니다.

 '학교 시설은 행정실 담당인데 이렇게까지 해야 하나?'라는 생각이 들 수도 있겠지만, 안전사고에서 보건실도 절대 자유로울 수 없기 때문에 이렇게 살피게 됩니다.

 많은 아이가 다치기 전에 빠른 조치를 하고 싶을 때는 물품 사진과 함께 가격과 구입처 등을 알아보고 문서로 출력해 행정실에 전달하는 것도 좋습니다. 열 번의 말보다 한 장의 문서가 처리 속도가 빠르니까요.

학교 보건 문서 보존기한

1. 학생건강기록부(5년)

감염병 예방접종, 신체의 발달상황, 건강검진 및 별도 검사 현황, 신체의 능력 검사를 위해서 관리하는 학생건강기록부와 관련하여 처리되는 업무(출력물 포함)와 이와 관련하여 교육청 등으로부터 공지되는 사항의 처리와 자료 제출 등을 처리하는 업무

2. 보건 건강일지(5년)

보건교육 활동과 보건 건강관리 활동의 결과로써 발생하는 보건일지, 건강검진 대장, 응급환자 이송 및 진료 기록지 등(보건 건강관리와 관련된 법정 및 비법정 장부 포함)에 관하여 관련 항목이 기록된 일정한 양식의 대장에 작성하고 승인을 받아 관리하는 업무

3. 보건 건강관리 활동(5년)

예방접종 가정통신문, 감염병에 대한 처리 등에 대한 업무, 보건실 관리(약품 등 구입 포함), 신체 발달상황 및 건강조사, 건강검진을 주

기별로 실시하고 건강관리와 이에 대한 문제점(응급조치 포함) 등과 이와 관련하여 교육청 등으로부터 공지되는 사항의 처리와 자료 제출 등

4. 보건 교과 교육활동(5년)

학생, 학부모, 교직원 실태 기초 조사, 보건교육 계획(성교육, 성폭력, 흡연 예방), 각종 프로그램 운영 및 처리되는 업무

「NAK 28:2018(v1.1) 학교 공통 단위과제 분류 기준 및 보존 기간 책정기준」

작전을 바꾸다

"마스크? 분실했어? 여분 마스크 챙기라고 안내했는데…. 이번 한 번은 주는데 두 번은 안 돼. 꼭 챙겨서 다녀."

오늘도 나는 마스크를 분실해서 보건실에 온 녀석들을 딱 잘라 보내지 못하고 잔소리 아닌 잔소리를 하고 있다.

'전교생 600명 x 5일=?'

단순하게 생각해도 답이 안 나오는 계산이다. 그래서 마스크는 개별 준비를 원칙으로 했고, 훼손과 분실에 대비해서 가방에 여유분 마스크를 꼭 챙기도록 안내를 했다. 가정통신문, 문자 메시지, 담임교사의 조·종례 때 전달 사항으로 말이다.

학생: 겨우 마스크 한 장 가지고 치사하시네요.
보건교사: (혼잣말로) 정해진 원칙을 지키지 않고 왜 당당한 거지?

우리는 서로 다른 입장으로 녀석들도 나도 한껏 얼굴에 불쾌감을 드러낸다. 하지만 나는 안다. 이 게임은 마스크를 주면 끝난다는 것을. 왜냐면 나는 당장 마스크가 없는 녀석들을 마스크를 씌우지 않은 채 보낼 수 없을 테니 말이다.

그래서 나는 작전을 바꿨다. 잔소리 대신 특별대우로!
"길동아! 너니까 선생님이 특별히 주는 거야. 쉿!"
결국 줘야 한다면 기분 좋게 주자.

보건샘's Talk

'내가 이 어린애들 하고 뭐 하는 짓인가?'

가끔 녀석들과 실랑이를 벌이다 보면 이런 생각이 들 때가 있습니다. 그러다 문득 어릴 적 읽었던 이솝 우화가 생각났습니다. 강한 바람보다 따스한 햇볕이 나그네의 외투를 벗겼던 해와 바람 이야기! 그래서 저도 강한 바람 대신 따스한 햇볕 정책을 써보려 합니다.

보건실 예산운영의 원칙

① 기획의 원칙: 예산은 사업 계획을 반영한다.

② 책임의 원칙: 지출할 때는 효과적이고 경제적으로 운영한다.

③ 보고의 원칙: 예산의 편성, 의결, 집행, 결산의 모든 단계에서 상부 기관의 재정 및 업무 지침에 기초하고 정확한 정보와 현실적 상황에 근거한 예산을 운영한다.

④ 시기의 원칙: 한정성의 원칙과 반대되며, 집행 시기를 신축성 있게 운영한다.

⑤ 다원적 절차: 예산 단일성의 원칙과 반대되는 개념으로 사업별로 예산의 절차를 달리하여 예산운영의 효과성을 높이도록 한다.

⑥ 재량의 원칙: 예산 명료의 원칙과 반대되며, 책임자의 재량에 의한 운영이 가능하다.

⑦ 적절한 수단 구비의 원칙: 효과적 활용을 위한 적절한 수단 마련, 비상시 대비(총예산의 100분의 1 정도의 준비금 예비비)를 책정한다.

[출처: 학교보건의 이론과 실제, 현문사]

2017년 졸업생 김성준

'식사 중' 푯말을 문밖에 걸어 두고 보건실에서 먹는 점심 도시락! 코로나와 함께 시작된 나의 혼밥 생활은 1년이 넘어간다. 밥을 먹다 보면 문 두드리는 소리도 나고 전화벨이 울리기도 한다. 나의 점심시간은 그리 순탄치만은 않다.

오늘도 도시락 뚜껑을 여는데 어김없이 전화벨이 울렸다. 순간 고민을 했다. 밥 먹을 때는 개도 안 건드린다길래 잠시 두 눈을 질끈 감았다. 그러나 끊겼던 전화벨은 계속 울렸고, 나는 불안한 마음으로 서둘러 수화기를 들었다.

"안녕하세요? 보건 선생님 맞으시죠?"

40대 중년 남성의 목소리였다. 결국 올 것이 온 건가? 코로나19로 하루하루 마음을 졸이고 있었던 터라, 확진자가 발생했다는 전화일 거라 생각하니 가슴이 철렁했다.

"선생님, 저 2017년 졸업생 김성준이에요."

예상치 못한 상황에 순간 머리가 멍 해졌고, 급하게 기억을 소환하기 시작했다. 하지만 김성준의 기억은 떠오르지 않았고, 졸업생이라고 하기에는 상당히 부담스러운 목소리 톤에 자꾸만 존댓말을 하게 됐다.

코로나로 얼마나 고생이 많으시냐, 졸업해서 가장 생각나는 선생님이 보건 선생님이다, 3학년 때 담임 장00 선생님은 잘 계시냐, 선생님 아이는 몇 살이 되었느냐, 목소리 들으니 그대로시다, 초콜릿을 보내 드려도 돼냐, 전화번호 알려줄 수 있느냐, 3학년 때 자퇴해서 잘 모를 거다, 지금은 서울에서 대학 다니고 있다… 등등.

 어색하고, 느끼하고, 뭔가 수상한 이 대화는 점심시간을 핑계 삼아 서둘러 마무리 지었다. 그러나 찜찜한 마음이 영 가시지 않아 교무부서와 3학년 담임으로 거론된 선생님께 여쭤보았다. 수소문 결과 2016년에 장00 선생님은 담임을 하지 않았고, 그해에는 자퇴·전학생이 없었다. 2017년 졸업생 김성준의 팩트 체크는 여기까지!
 알 수 없는 미스터리 전화에 혼란스러웠던 그 즈음, 보건교사 밴드에는 한편의 글이 올라왔다. '2017년 졸업생 김성준'이란 제목의 글. 그리고 "저도 같은 전화 받았어요", "저도요", "저도요"… 등등.
 수많은 보건 선생님의 댓글이 달렸다. 수상해서 녹음하기도 한 선생님도 있었고, 발신자 전화기가 있는 학교에서는 번호를 메모해 놓기도 했다. 다행히 각 학교의 보건 선생님들이 슬기롭게 대처한 것 같았다.
 그러나 충격은 쉽게 사라지지 않았다. 자칭 '2017년 졸업생 김성준'이 각 학교의 홈페이지까지 뒤져서 3학년 담임선생님 이름을 파악한 그 치밀함에 소름이 끼쳤다. 대체 왜 여러 학교 보건실마다 전화를 한 걸까? 그것이 알고 싶다, 2017년 졸업생 김성준!

보건샘's Talk

보건실은 응급환자 후송 등이 신속히 이루어질 수 있도록 보통 1층에 있는 경우가 많습니다. 그런데 보건실은 혼자 근무하는 곳이라 교실과 교무실처럼 다수가 모여있는 곳이 1층에 같이 배치되어 있지 않으면 위험한 일이 발생해도 도움을 청할 수가 없어 두려울 때가 있습니다.

그런데 최근 '미래사회에 대비한 학교 공간 재구조화'를 타이틀로 내건 공간혁신사업을 하고 있다고 합니다. 예를 들어 1층에 배치되는 보건실이나 상담실 같은 사무실과 특별실을 한 공간에 집중 배치하고, 중앙에 로비를 만들어 허브 기능을 할 수 있도록 공간혁신을 하는 겁니다.

이처럼 보건실 현대화 사업과 함께 보건실 공간혁신사업도 이루어진다면 보건실에 불쑥 들어오는 외부인, 정신과 치료 중인 학생에게 위협을 느껴 보건실 내에 CCTV 설치를 고려하는 보건 선생님, 스토커처럼 수시로 찾아오는 학생 때문에 공황장애를 겪는 보건 선생님이 생기는 일은 없지 않을까요?

앞으로 많은 학교에서 공간혁신사업이 이루어져 안전한 보건실 환경이 구축되기를 희망합니다.

학교 홈페이지 개인정보 제공 기준

Q 「공공기관의 정보공개에 관한 법률」 제3조에 따라 국민의 알 권리 차원에서 교육기관 홈페이지를 통해 교사 정보(개인정보)를 제공하고 있는데 동 법률 적용이 가능한지에 대한 의견

A 학교에 재직 중인 교사의 성명, 직위 등에 대하여 공개를 요구 받는 경우 해당 정보는 공개 가능할 것이며 홈페이지 등 공개 여부는 기관 및 업무 특성 등에 따라 자체적으로 판단할 수 있음

결론 개인정보처리자(기관 등)는 국민의 알 권리 충족, 기관 업무 및 이용자 특성 등을 고려하여 교사와 직원의 정보 제공에 관한 사항을 처리하되, 개인정보가 침해되지 않도록 최소한의 정보만을 제공하고 불가피하게 개인정보를 포함할 경우, 정보주체의 동의 또는 법률에 근거하여 처리해야 함

(행안부 정보공개정책과, 2020. 4. 17.)

PART 3

학교 보건실의 주요 건강 문제와 대처법

물 먼저 먹어요? 약 먼저 먹어요?

 사탕처럼 입안에서 천천히 녹여 먹어야 효과가 있는 약을 알약처럼 꿀꺽 삼키고는 속이 답답하다고 헐레벌떡 달려온 L 군. 다행히 몸에 큰 문제는 없었지만 의문이 든다. 누가 봐도 목구멍으로 넘길 만한 크기가 아닌 약을 대체 어떻게 삼켰을까.

 또 다른 L 군은 어제 근육통으로 보건실에서 붙였던 파스를 오늘 그대로 붙이고 나타났다. 답답하고 가려워서 떼고 싶었을 텐데, 참으로 인내심이 엄청난 아이다.

 "선생님, 물 먼저 먹어요? 약 먼저 먹어요?"

 종종 이 질문을 받을 때면 순간 '고등학생이 맞나?'라는 생각이 들어 멈칫한다. 세상에 당연한 것은 없다. 나에게 당연한 것이 다른 누군가에겐 당연한 것이 될 수 없다. 그래서 고등학생도 하나부터 열까지 설명이 필요하다. '당연히 알고 있겠지?'를 버리고 '당연히 설명해야지!'로 생각을 바꿔야겠다.

보건샘's Talk

저는 보건실에서 처방된 약은 보건실 안에서 복용하도록 지도하고 있습니다. 보건실에서 사용하는 약은 대부분 일반 의약품이지만 아이들에게 처방할 때는 조심스럽고, 올바르지 못한 복용으로 인해 위험한 상황이 생길 수 있기 때문입니다. 이러다 보면 아이들이 제대로 복용하는지 일일이 확인하느라 힘들고 바쁘지만 안전하게 투약할 수 있으니 흔쾌히 감수하고 있습니다. 그리고 학교 복도 정수기 주변에 약 포장지가 버려지는 일까지 자연스럽게 해결할 수 있어 좋습니다.

보건실 의약품 투약 시 유의 사항

1. 의약품은 다치거나 아픈 학생에게 보건교사가 직접 투여하여 복용을 확인하며, 다른 학생 편에 전달하여 복용시키는 일이 없도록 한다.
2. 모든 증상을 치유시키기 보다는 심한 증상 1~2개를 파악하여 소량의 약을 투여한다.

[출처: 2022 경기 학교보건 실무 매뉴얼]

안전한 의약품 사용 및 투약 지도

1. 의약품 겉 포장 표시정보나 포장 내 첨부문서 반드시 참고

- 사용하려 하는 약이 맞는지 확인(약의 이름)
- 증상에 맞는 약인지(효능·효과)
- 사용해도 되는 약인지(주의사항)
- 얼마나, 언제 사용해야 하는 약인지(용량·용법)
- 어떻게 사용해야 하는 약인지(용량·용법)

2. 투약 전 확인 사항

- 환자의 불편한 증상 중에서 가장 심한 증상을 먼저 물어본다.
  (모든 증상을 치유시키기 보다는 심한 증상 1-2개를 파악하여 소량의 약을 투여한다.)
- 약에 대한 부작용의 경험이 있는지 확인한다.
- 현재 증상 이외에 다른 질병이 있는지 확인한다.
- 요즘 복용하고 있는 약이 있는지 확인한다.
- 충분한 물과 함께 섭취하도록 한다.
- 투약 내용을 보건일지에 기록한다.

3. 투약 후 지도 사항

- 투약 후 일정 시간이 지나야 약의 효능이 나타남을 설명해 준다. (약 20~30분 후)
- 알레르기 부작용 등이 나타날 수 있음을 설명하고 증상 발현 시 즉시 알리도록 한다.
- 약물 알레르기
- 알레르기 발생 시 반드시 사용 약물에 관하여 본인 및 학부모에게 알려주어 유사 성분의 약물에 재차 노출되지 않도록 지도한다. (병원으로 이송하고 보건일지에 기록한다)

[출처: 2022 경기 학교보건 실무 매뉴얼]

순하리 처음처럼

　한 학기를 마무리하고 떠나는 교직원 연수는 일 년에 몇 번 되지 않은 나의 공식적인 외출이다. 새장에서 벗어난 새처럼 그날 나는 학교의 유일한 의료인이 아닌 직장인이 된다. 몸과 마음이 자유로웠던 그날, 잠시 음주 예방 교육 담당자에서 벗어나 '순하리 처음처럼'의 신세계에 입문했다. 다양한 과일 맛의 신상 소주는 학기를 마무리하는 그 자리를 더욱 빛나게 해주었고, 오랜만의 자유를 만끽하기에 충분했다. 다음날 울렁거리는 속을 부여잡고 괴로워하기 전까지는 말이다. 결국 다른 사람을 위해 챙겨갔던 상비약을 먹는 신세가 됐고, 본의 아니게 보건실에서 사용하는 숙취 해소용 약의 효과를 직접 체험해 볼 수 있게 됐다.

　사실 보건실의 한정된 예산으로 값비싼 숙취 음료와 간장제를 구입하는 것이 다소 부담스러워 소화제 중에서 울렁거림을 가라앉혀주는 약재가 들어있는 것을 사용하고 있었다. 가끔 그 약의 효과가 궁금하긴 했는데 바로 오늘 그 타이밍이 온 것이다. 마트에서 장을 보듯이 약도 시식해 보고 구입하면 좋겠지만, 보건실에서 사용하는 약을 모두 복용해 보고 효과를 확인해 볼 수 없기 때문에 이렇게나마 확인할 수 있게 된 것을 위안으로 삼아본다. 그날 이후 나는 과음으로 보건실에 방문하는 선생님들의 심정을 너무나도 이해할 수 있게 되었다.

보건샘's Talk

반하사심탕(스토반)

【효능·효과】 소화불량, 위염, 식욕부진, 숙취

【용법·용량】 보통 성인 1회 1포(75ml)를 1일 3회 식전 또는 식간에 복용

【원료 약품】 반하, 황련, 황금, 인삼, 감초, 대조, 건강

※ 반하 : 기의 순환이 활발하지 못하고 정체된 것을 풀어주고 구역, 구토를 없애줌

※ 황금 : 열과 염증을 가라앉히고 답답함을 없애줌

※ 건강 : 냉기와 응축된 기운을 풀어주어 위장이 잘 움직이게 하여 소화를 도움

소화기계 증상과 약물

1. 소화불량
- 일반적으로 상복부 중앙에 소화 장애 증세가 있는 경우로 위나 소장의 기능장애와 관련하여 나타난다. (포만감, 구역질, 속 쓰림)
- 소화효소제와 위 운동 촉진제를 함께 투약.

2. 복통
 ① 스트레스·긴장
- 위 장관의 근육이 수축하고 오그라들어서 위나 장의 소화 운동이 제대로 이루어지지 않는다. (갑갑하고 죄어드는 통증)
- 액상 소화제로 위 장관의 운동을 촉진하고 반하사심탕과 소화효소제를 병용.
 ② 불규칙한 식생활 습관
- 위산에 의하여 위벽에 약간의 염증이 발생. 위산에 의해 쉽게 자극을 받아 위의 운동기능이 저하되어 소화 기능이 약하다. (갑갑하고 속 쓰림, 불규칙한 통증)
- 제산제와 액상 소화제를 시간 간격을 두고 투여.

[출처: 상용 의약품의 이해와 복약지도, 이메딕]

소화제의 종류와 원리

종류	성분명	원리	제품
소화효소제	디아스타아제 리파아제 판크레아틴 브로멜라민	신체에 인위적으로 음식을 분해하는 소화효소를 주입시켜 소화 기능을 향상한다.	베아제 닥터베아제 훼스탈 제스판 아진팜
가스 제거제	시메치콘	위장관의 고여있는 가스를 제거와 함께 점액의 표면의 장면을 감소시켜 공기 방울이 발생하는 것을 막아준다.	겔포스 닥터베아제 훼스탈 플러스
위장관 촉진제	돔페리돈	위장관 운동을 촉진시켜 음식물의 소화를 원활하게 도와주는 역할을 한다.	멕시롱 베나치오 까스활명수
위장관 운동 완화제	스코폴라민	위경련, 장의 과도한 운동으로 인한 불편함 등을 해소.	부스코판
한약	회향, 건강, 진피, 박하	소화작용을 돕는 한약재	반하사심탕 시호계지탕

제산제	탄산수소나트륨 탄산칼륨 탄산칼슘 수산화마그네슘	과도하게 분비된 위산을 제거	잔탁 탈시드
위장관 점막 보호제	알간산나트륨 인산알루미늄	위장관에 일시적인 막을 형성하여 보호	개비스콘 겔포스 알마겔

※ 복합 성분인 소화제가 대부분으로 주성분을 기준으로 분류

[출처: https:// yongsoya.tistory.com]

몸과 마음은 하나

　지루한 장마로 기분까지 우울해지는 날, 보건실에 온 B 군은 평소처럼 예의 바른 모습으로 증상을 말했다. 다른 증상(소화기 장애나 감기·고열)을 동반하지 않아 단순 두통으로 진단하고 타이레놀 500mg 1알을 투약했다. 그런데 다음날 같은 증상으로 다시 찾아온 B 군!! 오늘은 왠지 진통제 대신 대화가 필요해 보였다.
　"요즘 힘들구나?"
　나의 말에 엉켜 있던 실타래를 풀듯 술술 입을 열었다. B 군은 자기 관리가 철저하고 언제나 반듯한 모습이어서 당황스러웠지만, 얼마나 답답하고 힘들었으면 하는 생각에 마음이 무거웠다. 부모님 이혼으로 일찍 철이 들어 잘 커야 한다는 책임감에 늘 긴장하고 있었었던 것 같다. 대화 중간에 본인을 남겨두고 간 엄마에 대한 원망도 보였다.
　무거운 책임감과 긴장, 원망이 온몸으로 표현되는 날.
　잘 참고 견디다가 문득 힘에 겨워 이렇게 몸으로 말하게 되는 날.
　바로 오늘…. 마음 속에 담아두어 곪기 전에 내가 함께해 줄 수 있어 다행스럽고 감사하다. 마음 아픈 아이들이 많아지는 요즘, 내가 할 일은 신체 증상 속에 숨겨져 있는 아픈 마음을 읽어내는 일 같다. 몸과 마음이 하나임을 다시 느껴본다.

보건샘's Talk

구분	긴장성 두통	편두통
통증	뻐근하고 조이는 듯한 통증	맥박이 뛸 때마다 콕콕 찌르거나 쿵쿵 내리치는 듯한 통증
부위	뒷머리와 뒷목에서 시작해 앞머리 쪽으로 퍼짐	머리 좌우
동반 증상	어깨, 목, 등이 결림	오심, 구토, 빛에 예민
시간	오후에 많이 발생	정해진 시간 없이 발생
치료	스트레칭, 산책, 가벼운 운동	술, 초콜릿, 수면 부족, 자극적인 빛이나 섬광 피함
약물	아세트아미노펜이나 이부프로펜 성분 진통제	

 진통제는 성분에 따라 복용 가능한 연령이 달라지는 점도 주의해야 합니다. 예를 들어 이소프로필안티피린과 알리이소프로필아세틸요소는 해열 및 진통 기능을 강화하기 위해 넣는 성분입니다. 하지만 소아에게서 혈액질환 등 부작용이 보고된 바 있어 일부 국가에선 두통약이나 진통제에 사용하지 않습니다. 식품 의약 안전처도 15세 미만 소아 및 청소년이 사용하는 것을 금지하고 있습니다. 이런 이유로 이소프로필안티피린이나 알리이소프로필아세틸요소가 든 진통제는 15세 이하 청소년이 사용하면 안 됩니다.

 [출처: 한국경제 BIO Insight, 2021.09.17.]

진통제의 분류

대분류	중분류	소분류	성분명	제품 예시
진통제	진통성 진통제		아세트아미노펜	타이레놀
	비스테로이드성 소염진통제	프로피온산유도체	이부프로펜	부루펜 애드빌
			나프록센	아나프록스 낙센에프
		니코틴산 유도체	클로닉신	크록신
		아세트산 유도체	디클로페낙	카타스
진통제 복합제	중추성 진통제+비스테로이드성 소염진통제+카페인		아세트아미노펜+이소프로필안티피린+카페인	게보린
			아세트아미노펜+에텐자미드+카페인	펜잘큐
	진통제+진정제+카페인		이부프로펜+알리이소프로필 아세틸요소+카페인	그날엔
	진통제+혈관수축제+진정제		아세트아미노펜+이소메텝덴+디클로랄페나존	마이드린 미가펜

[출처: https://m.blog.naver.com/PostList.naver?blogId=iyac_ju, 어디가 아프세요 공식 블로그]

사랑의 콩 자루

 월요일 아침 보건실은 유난히 북적거린다. 주말에 축구를 하다가, 자전거를 타다가, 고기를 너무 많이 먹어서 등등 찾아오는 사연들은 다양하다. 그중 월요일마다 찾아오는 단골 학생이 있다. 주말마다 부모님 농사를 돕느라 뻐근한 허리에 파스를 붙이러 오는 D 군!!
 이번 주에는 콩과 깨를 수확했다며 검게 그을린 얼굴을 하고 해맑게 웃으며 보건실 문을 열고 들어온다. 착한 마음이 기특해서 올 때마다 정성껏 허리에 파스를 붙여주고 덤으로 이것 저것 물어보며 수다를 나누다 보니 D 군은 어느새 나의 단골손님이 되었다.

 그런데 오늘은 하얀 자루를 들고 보건실에 나타났다. 그동안 파스를 붙여준 것이 감사하다며 들고 온 콩 자루였다. 콩 자루에는 검정콩과 노랑콩 등 종류별로 가득 담겨 있었다.
 '한창 멋 부리며 스타일 구기는 것을 싫어할 나이일 텐데…'
 콩 자루를 들고 버스를 타고 왔을 생각을 하니 가슴이 찡해진다.

보건샘's Talk

　파스는 먹는 약이 아니기 때문에 큰 부작용 없이 안전하게 사용할 것이라는 인식이 있습니다. 그러나 의외로 부작용이 많습니다. 특히 어린아이들에게 파스를 사용할 때는 주의가 필요합니다. 생각보다 파스에 들어있는 많은 성분에는 나이 제한이 있습니다. 대표적으로 케토톱이나 케펜텍 같이 유명한 파스의 주성분이기도 한 '케토프로펜'은 15세 미만의 청소년들이 사용해서는 안 되는 금기 약물입니다.

[출처: 알쓸신약, 시대인, 이정철·임성용 저]

파스의 효과와 선택

　시중에 판매되는 대부분의 파스의 경우 소염 진통 작용을 기반으로 한다. 즉 통증 완화와 염증 억제에 효과가 있다. 결국 어떤 것을 구매해도 소염 진통의 효과는 있다. 물론 성분과 함량, 부착의 편의성에 따른 차이는 분명 존재하다. 오히려 부착포의 재질(활동성, 통기성), 피부에 부담이 없는 정도의 차이가 더 큰 편이다. 효과 면에서 알려진 바로는 '피록시캄 계열 = 디클로페낙 계열 〉 케토프로펜 계열 〉 살리실산메틸 계열' 순이다.

대상 질환	성 분	대표 상품
염좌, 타박상, 근육통, 건초염, 관절염, 요통, 어깨결림, 신경통, 류마티스 통증, 외상후 통증	디클로페낙	디펜, 디클로펜
	피록시캄	트라스트
	케토프로펜	케토톱, 케펜텍
	살리실산메틸	제일파프 계열 제놀, 신신파스 에스
	이부프로펜	신신파스 이부스타
	카타플라스마	신신파스, 제놀, 카타플라스마

파스의 사용 방법

- 통증과 부상 부위에 직접 붙이는 것이 효과적이다.
- 파스 지속 시간을 확인하고 지나치게 긴 시간 붙이지 않는다.
- 대부분 파스는 광과민성 부작용, 즉 햇빛 노출로 인한 부작용 가능성이 높다.
- 같은 부위에 다시 부착한다면 2~3시간 정도 여유를 두고 부착하는 것이 좋다.
- 파스는 임시방편이므로 올바른 치료를 위해서는 병원 진료를 하여야 한다.
- 화상 입을 우려가 있어 파스를 붙인 부위에 뜨거운 찜질을 하지 않는다.
- 파스는 치료 목적보다 통증 완화와 최소한의 염증 억제에 적합하다.
- 지나치게 따끔거리거나 화끈거리는 것은 부작용이므로 바로 떼어야 한다. (절대 효과가 아님)
- 상처가 있는 부위는 피해야 한다.

[출처: http://wisesingle.tistory.com]

딱 한 장이면 충분해

 운동하기 딱 좋은 가을 날씨다. 그걸 절대 놓칠 리 없는 녀석들은 어김없이 운동장을 누빈다. 그리고 늘 그랬듯이 파스 쇼핑을 떠난다. 쇼핑몰은 학교 1층 보건실. 우리 고객님(?)들은 취향대로 붙이는 파스, 바르는 파스, 뿌리는 파스를 각양각색 골고루 주문하신다. 그리고 아픈 부위마다 다 붙이려는 학생과, 그렇게 하면 안 된다고 설득하는 보건교사와의 한바탕 설전이 시작된다.

 "피부에 흡수된 파스의 진통 소염 성분은 혈관을 통해 전신을 돌기 때문에 1장만 붙여도 충분해."
 "에이, 선생님. 너무 짜요. 쏘는 김에 팍팍 좀 쏘세요. 아끼면 똥 돼요."

 파스를 약으로 취급 안 하는 우리 고객님들의 귀여운 흥정은 이렇게 매일 계속된다. 하지만 파스를 아끼려는 짠순이 보건 선생님으로 보이더라도, 자칫 진통제의 양이 너무 많아져서 간이나 신장에 무리를 줄 수 있기 때문에 용량이 정해져 있는 알약처럼 파스도 정해진 용량을 지켜야 한다고 고집스럽게 설득해 본다.

보건샘's Talk

　파스는 학생만큼이나 교직원들에게도 인기 있는 보건실 의약품입니다. 게다가 아픈 부위마다 파스를 붙이고 싶어 하는 것 또한 같습니다. 이럴 땐 아이들에게 설명하듯 교직원에게도 파스 한 장으로 충분한 이유를 설명해 보지만, 오래된 습관이 무섭다고 선생님들은 쉽게 물러서지 않습니다.

　그래서 저는 현직 약사가 쓴 책에서 파스에 관한 페이지를 펼쳐 보건실에 전시해 두었습니다. 그리고 파스 한 장 때문에 불평하는 아이들과 교직원들에게 읽어보게 합니다.

　결과는 저의 열 마디 말 보다 훨씬 효과가 있답니다. 누가 이렇게 말했더라, 어떤 책에 이렇게 쓰여 있다, 이거 방송에 나왔다, 이러면 훨씬 더 신뢰하니까요.

파스에 대한 오해

파스를 통해 흡수된 약물은 전신으로 퍼지게 돼. 흡수된 약물은 그 근처에서 작용하는 것은 물론, 혈관을 통해 흡수되어 전신을 돌게 되니까 간혹 아픈 부위가 넓다고 파스를 여러 장 붙이는 분들이 있는데 파스를 여러 장 붙이면 흡수되는 약물은 더 늘어난다는 것을 생각해야 해.

통증 부위가 넓을 때는 파스를 여러 장 붙이기보다는 먹는 진통제가 훨씬 효과적이고 안전할 수 있지. 파스가 단순히 피부 근처에만 작용하는 게 아니라 약 성분이 전신으로 흡수된다는 점을 꼭 명심해야 해.

[출처: 강약중강약, 알마 출판, 황세진·정혜진 저, 31~32page]

온몸이 쑤셔요

 연일 계속되는 학교 대항 스포츠클럽대회로 아침마다 보건실에는 부상 환자가 넘쳐난다. 특히 결승전을 코앞에 두고 치른 어제 4강전의 뜨거운 열기는 오늘 아침까지 느껴질 정도였다. 온몸에 파스 냄새를 풍기며 찾아온 녀석들은 어제 경기의 무용담을 장황하게 늘어놓으며 온갖 엄살을 부리기 시작했다.
 "선생님! 내일 결승전인데 좋은 약 좀 주세요. 온몸이 너무 쑤셔요."
 녀석들이 말하는 좋은 약은 아마도 '근육 이완제'를 말하는 것 같다. 하지만 보건실 약품 사용의 원칙은 응급처치가 주목적이다. 따라서 과다한 사용은 하지 않아야 해서 한껏 승리의 기쁨에 취해 찾아온 녀석들에게 내가 줄 수 있는 약은 제한적이다. 게다가 아직 신체 장기가 다 자라지 않은 녀석들에게 사용하기 위해서는 약의 순기능과 부작용 등 꼼꼼히 따져봐야 할 것들이 많다.
 그렇지만 이런 것들은 순전히 내 사정일 뿐이다. 녀석들은 근육통을 풀기 위해 주로 사용하는 휴식과 스트레칭 대신 그 무언가를 내게 처방받기를 원한다. 하지만 근육 이완제는 속 쓰림, 구토, 변비, 어지러움 등의 부작용 때문에 대부분 전문의약품에 해당되어 보건실에서 쓸 수 있는 근육 이완제의 종류에는 한계가 있다. 그렇지만 녀석들의 마음도 충분히 공감이 되기에 보건실에서 선택할 수 있는 몇 안 되는 약품 중에 가장 안전하게 쓸 수 있는 약을 건네 준다. 그제야 흡족해 하며 녀석들은 순순히 교실로 돌아간다.

얘들아~ 내일도 파이팅이다!!

보건샘's Talk

감치원 (갈근탕)

【효능·효과】 감기, 코감기, 두통, 어깨 결림, 근육통, 손과 어깨 통증

【용법·용량】 보통 성인 1회 1포(75ml)를 1일 3회 식전 또는 식간에 복용

【원료 약품】 작약, 계지, 감초, 갈근, 마황, 대추, 건강

※작약 : 어혈을 풀어주고 혈액순환을 도와서 진정, 진통에 작용

※감초 : 식물성 스테로이드 유사물질로 급박한 증상을 완화해 주는 역할로 통증을 줄여주는 근육 치료(이완)제로 많이 사용됨

※갈근 : 뭉친 것을 풀어주면서 열을 식히는 작용 혈관을 확장시켜 피가 제대로 돌게 함

보건실 의약품 선택의 3가지 기준

1. 안정성

보건실 내의 약품 투여는 1차 처치 또는 일반 및 응급환자가 병원에 내원하여 적절한 치료를 받기 전까지 필요한 최소한의 조치를 하는 데 있다.

2. 효율성

안전하면서도 효능이 개선된 새로운 의약품이 없는지 사전에 정보나 지식을 습득하여 효과가 뛰어난 의약품을 보건실에 비치하는 것이 필요하다.

3. 적합성

초·중·고 학생들의 연령, 발달 특성이나 개인의 체질에 맞는 의약품을 사용하는 것이 좋다.

※ 의약품 투약 시 유의 사항 : 의약품은 다치거나 아픈 학생에게 보건교사가 직접 투여하여 복용을 확인하며, 다른 학생 편에 전달하여 복용시키는 일이 없도록 한다.

[출처: 2022 경기 학교보건 실무 매뉴얼]

빨간약

　체육복을 반쯤 올린 녀석의 무릎 위로 빼꼼 빨간색이 보였다. 무릎이 빨강으로 물든 것을 보니 체육 선생님의 작품이 분명했다. '빨강'은 다친 아이들을 그냥 보건실로 보내지 않고, 운동장에서 직접 1차 치료를 해서 보내는 체육 선생님의 따뜻한 마음의 표시다. 군필인 남자 선생님들에 의하면 빨간약은 군대에서 만병통치약이었다고 한다. 군대에서는 까이고 베인 상처 뿐만 아니라, 배가 아플 때나 머리가 아플 때 등등 어디든 빨간약을 바르면 이상하게도 금세 나았다고 한다. 아주 오래된 군대 이야기이긴 하지만 말이다.

　우리에게 포타딘 용액이란 이름보다 더 익숙하게 불리는 빨간약은 상처에 빨갛게 칠해야 소독된 것 같고, 과산화수소수는 금세 하얗게 부글부글 거품이 올라오는 것을 봐야 뭔가 소독이 된 것 같다고 녀석들은 말한다. 하지만 보건실에는 감염의 우려가 있는 깊고 넓은 상처보다는 가벼운 상처가 대부분이어서 강한 소독약을 사용하지 않아도 된다. 그래서 상처에 자극이 강하고 색깔도 남아 외관상 보기 좋지 않은 포타딘이나 과산화수소수보다, 식염수로 닦아주는 것이 오히려 상처 치료에 도움이 된다.

"으악, 엄청 따가워요!"

"샘, 이거 아파요?"

상처 치료를 받으며 따갑다고 호들갑 떨었던 보건실의 풍경을 이제는 잊으세요.

보건샘's Talk

애니클렌의 살균력은 포비돈에 비해 약간 떨어지지만, 가벼운 상처에는 충분한 살균력을 확보하고 있어 크게 걱정할 정도는 아닙니다. 포비돈은 살균력이 강한 만큼 조직 재생에는 약간 더 부담되는 단점도 있어요. 살균력이 강하다고 무조건 좋은 소독약이라고 보기는 어렵습니다.

반대로 애니클렌의 경우 살균력이 포비돈에 비해 약한 대신 조직 재생에 대한 부담은 줄어듭니다. 특히 무색의 저자극성 소독약이라 학생들의 치료 순응도가 매우 높습니다. 따라서 화상이나 2차 감염의 우려가 높은 큰 상처에는 포비돈을 사용하고, 가벼운 상처나 2차 감염의 우려가 없는 상처에는 애니클렌액이 더 좋습니다.

[출처: 이메딕, 약품상담, 전문가 상담실]

소독약의 종류

포타딘	■ 살균력이 가장 강력한 편이지만 환부에 자극이 강하고 색깔이 남아 외관상 보기가 좋지 않아 가벼운 상처에 사용하는데 불편한 점이 많다. ■ 상처가 크거나 2차 감염 우려가 큰 경우에는 포타딘을 먼저 사용하는 것이 좋다. 다만, 자극이 너무 심하고 색깔이 남으면서 조직 재생에 부담을 주므로 포타딘으로 소독한 후에 무색의 자극이 적은 소독약이나 식염수 등으로 한 번 더 소독해주는 것이 좋다. 이렇게 하면, 충분한 소독. 살균 효과를 얻으면서 색깔도 없애고 자극도 줄이면서 조직 재생을 원활하게 해줄 수 있다.
과산화수소	■ 살균력이 그리 강하지 않고, 시간이 지나면서 살균력이 점점 떨어지는 단점이 있다. ■ 화학구조식(H_2O_2)을 보면 알 수 있듯이 상처 부위에서 발생한 산소(O, 흰 거품 형태)가 날아가면 남는 것은 물(H_2O)이다. 따라서 큰 상처에는 사용하기가 곤란하다. ■ 상처 부위에 자극이 심하다. ■ 따가움이 심하면서도 살균력이 약한 편이라 포비돈에 비해 효율성이 많이 떨어져 잘 쓰이지 않는 편이다.

[출처: 이메딕, 약품 상담, 전문가 상담실]

후시딘과 마데카솔이 달라요?

  상처 난 부위에 연고를 바르는 나를 조용히 바라보던 녀석이 갑자기 묻는다.
  "선생님, 후시딘과 마데카솔이 달라요?"
  그러고 보니 상처를 치료할 때마다 녀석들은 꼭 이 질문을 한다. 후시딘과 마데카솔은 보건실 뿐만 아니라 집에서도 흔히 사용하는 연고인데도 의외로 모르는 녀석들이 꽤 많다.

  그런데 아이들 뿐만이 아니다. 동료 선생님들도 아이들과 같은 질문을 한다. 심지어 가족이 먹다 남은 약을 같이 나눠 먹는 선생님도 있다. 그래서 '약품 조기교육'이라 생각하며 보건 수업 시간에 우리가 흔히 사용하는 약품들을 중점적으로 다루는 '약물 오·남용 예방 교육'을 했다.
  먼저 소화제, 진통제, 파스, 연고, 감기약의 약품 설명서를 모둠 별 토의 자료로 나눠주고 약품 사용 설명서를 만들도록 했다. 평소에 약국에서 약을 사 먹긴 해도 약품 설명서까지는 잘 안 읽어보게 되는데, 이렇게라도 해서 자주 사용하는 약의 설명서를 꼼꼼하게 읽히고 약 복용법과 복용할 때의 주의사항을 기억하게 하고 싶었다.

그리고 보건 수업은 지필 평가보다 생활 태도의 변화를 더 의미 있게 생각하기 때문에, 배운 것을 실천할 수 있도록 집에 있는 약의 유통기한을 확인하고 폐기할 의약품을 보건실로 가져오는 숙제를 내주었다. 비록 과제 제출 후 받는 상점 때문일지라도 녀석들이 관심을 갖고 의약품을 자세히 들여다봤다는 사실만으로 나는 만족스럽다.

보건샘's Talk

저는 현장학습과 수학여행용 약품 가방에는 휴대하기 편리하도록 용량이 적은 연고를 구매하고 있습니다. 왜냐면 학년별로 여러 개의 약품 가방에 연고를 챙겨 넣는 것도 일이지만, 사용 후 보건실로 반납한 수많은 연고를 처리하는 일도 만만치 않기 때문입니다. 그래서 적은 용량의 연고를 사용하는 것이 효율적이고 경제적입니다.

상처 연고의 종류

1. 후시딘

주성분은 푸시딘산 나트륨이고 무색의 반투명한 항생제 성분으로 세균의 증식을 막아서 상처 부위가 덧나는 것을 막아줘 빠른 상처 회복에 도움을 준다.

2. 마데카솔

센텔라아시아티카라는 식물의 추출물로써 일종의 조직 재생 촉진제로 흰색에 가까운 연고이며 항생작용, 항염 작용 등 상처 회복에 효과가 있다.

3. 후시딘 vs 마데카솔

후시딘의 경우 상처가 생기고 난 뒤 항생제로써 염증만 막아주면 상처 회복은 우리 몸 안에서 자연히 이루어진다고 보는 반면, 마데카솔은 직접 조직을 재생시켜 주면서 부수적으로 항생제나 호르몬제로 염증과 분비물을 줄여서 상처를 치료한다는 관점이다.

이것만 알아두세요!

■ 상처가 크고 깊다면, 조직 재생보다는 2차 감염예방이 우선이며(후시딘), 상처가 가볍고 깊지 않다면 조직재생성분이 포함된 것을(마데카솔) 사용하는 것이 좋다.

■ 연고 유통기한은 6개월 이내로 짧다. 더욱이 한 번 개봉한 연고는 2~3개월 내로 다 쓰고 폐기해야 한다. (외부 공기에 닿을 경우, 연고의 성분이 변질 될 가능성이 높음)

■ 연고를 면봉에 덜어 사용하지 않고 상처 부위에 직접 짜서 사용한 경우, 세균이 연고 내부로 스며들었을 가능성이 매우 높다.

[출처: 이메딕, 약품 상담, 전문가 상담실]

말벌 조심해!

"선생님! 큰일 났어요. 민석이가 운동장에서 쓰러졌어요."

3교시 수업을 10분 남겨 놓고 성준이가 보건실로 뛰어왔다. 자세한 상황을 듣지 않고도 땀범벅이 된 성준이의 모습은 응급상황임을 알려주었다. 응급 가방을 챙겨 운동장으로 달리면서 상황을 들어보니 체육 수업 도중 말벌에 쏘여 팔 다리를 못 움직이고 숨도 못 쉬고 있다는 것이다. 운동장에 도착해 보니 전형적인 벌침 알레르기 반응이었다. 민석이는 호흡곤란과 맥박수가 증가해 119에 신고한 후, 벌침이 남아 있는지 확인했다. 다행히 벌침은 남아 있지 않아 부종 부위에 얼음찜질과 휴대용 산소를 약하게 주입하면서 겁에 질려 놀란 민석이를 안정시켰다.

이상한 일은 벌침보다 평소 장난기 가득했던 8반 녀석들의 모습이 감쪽같이 사라진 것이었다. 아이들은 누가 시키지 않았는데도 질서 정연하게 응급상황을 돕고 있었다. 민석이를 안정시키는 친구, 부종 부위에 얼음찜질해 주는 친구, 손과 발을 잡아주는 친구, 교문에서 기다렸다가 119구급차가 운동장으로 진입하는 길을 안내해 주는 친구, 119구급차 안으로 민석이를 부축해서 함께 옮겨주는 친구 등등.

긴박한 시간 속에서 함께 하는 녀석들의 모습이 기특하고 빛이 났다.
 민석이는 인근 병원으로 바로 후송되어 주사를 맞았고, 7교시에 다시 해맑은 모습으로 학교에 돌아왔다. 모두를 놀라게 한 말벌 소동으로 다시 보게 된 3학년 8반. 너희들이 오늘의 진정한 MVP였어.

 보건샘's Talk

꿀벌 VS 말벌

꿀벌의 침은 내장에 연결되어 있습니다. 내장에 독성물질이 들어있고 침의 모양이 갈고리 형태입니다. 그러므로 침을 쏘게 되면 내장이 같이 딸려 나옵니다. 결국 꿀벌은 한번 공격을 끝내면 죽게 됩니다. 그래서 꿀벌에 쏘였을 때 섣불리 침을 빼려고 하면 침에 연결된 내장을 눌러서 내장에 있던 독을 더 주입하게 되므로 주의해야 합니다. 보통 2~3분간 독이 몸으로 들어오는데, 그 사이에 빼내는 것이 좋습니다. 납작한 카드나 나무젓가락 등을 옆으로 눕혀서 긁듯이 밀어내는 방법을 써야 내장의 독이 더 들어오는 것을 피할 수 있습니다. 그러나 말벌은 침의 모양이 갈고리형이 아니기 때문에 피부에 걸리지 않아 반복해서 쏠 수가 있습니다. 또 꿀벌은 공격을 받았을 때에만 침을 쏘지만, 말벌은 필요를 느끼거나 화가 나면 공격을 합니다. 더구나 말벌은 꿀벌의 15배의 독을 가진 데다가 공격적이기 때문에 더 위험합니다.

[출처: https://kiss7.tistory.com, 유용한 지식 칼럼]

벌에 쏘인 상처 치료

국소 반응과 전신 반응이 일어날 수 있고, 전신 반응은 즉시 병원으로 이송하지 않으면 사망할 수 있다.

국소 반응	전신(중한) 반응
• 국소 동통 • 발작 • 부종 • 피부발진	• 국소 동통 및 발적, 부종, 피부발진 • 알레르기 반응 (피부 가려움, 홍조, 발진, 빈맥, 저혈압, 기관 수축, 기도 부종) • 목젖이 붓고 안면 부종

■ 국소 반응만 있을 경우

- 비눗물로 씻고 냉찜질을 한다.
- 부종이 심할 경우 냉찜질을 하고 쏘인 부위를 심장보다 높이 올린다.
- 통증이 심할 경우 응급실에 내원 후 경구용 항히스타민제와 진통제를 투여할 수 있다.

■ 중한 반응일 경우

- 벌 쏘임시 전신반응은 약 15분 내 발생한다.

- 부위를 물로 씻는다.
- 독샘을 짜지 않도록 주의하면서 침을 납작한 카드나 면도칼을 이용하여 조심스레 제거한다.
- 쏘인 부위는 냉찜질을 실시한다.
- 알레르기 또는 과민반응이 나타나는 경우 빨리 병원으로 이송한다.

[출처: 생활 응급처치 Guide Book]

여기가 어디예요?

　기말고사 마지막 날 마지막 과목 시험이 거의 끝나갈 무렵, 보건실 복도 저 끝에서 요란한 발소리가 들려왔다. 친구를 등에 업은 학생이 다급하게 들어왔다. 시험 도중 친구가 갑자기 정신을 잃고 쓰러졌다는 말을 들으며 이름을 불러 깨워보니, 얼굴에 반응은 있는데 눈을 뜨지 못했다. 심박동, 호흡, 맥박, 혈압, 동공 반응은 모두 정상이었다. 2차 손상 여부를 위한 신체 사정(머리 부위 타박 정도 등)에서도 이상 없었다. 안도의 한숨을 쉬며 119구급차로 후송을 했다. 구급차 안에서 핀으로 손끝을 찔러보고 흔들어 깨워도 반응이 없던 녀석은 구급 대원이 의식 확인을 위해 팔을 얼굴 위로 떨어트리는 순간, 얼굴을 피해서 옆으로 팔을 떨어트렸다. '다행히 의식이 있구나'

　혼잣말로 되뇌며 응급실 도착까지 긴박하게 흐른 20분. 그런데 아무리 불러도 소용 없던 녀석이 응급실 침대에 눕혀지는 순간, 한숨 푹 잘 자고 아무 일 없었던 것처럼 일어나는 것이 아닌가. 우리 모두의 애간장을 태웠던 M 군의 첫마디!!

　"선생님, 여기 어디예요? 저, 여기 왜 있어요?"

　이렇게 기말고사 나흘 동안 공부하느라 1시간도 잠을 못 잔 고2 학생의 '꿀잠 사건'은 이렇게 끝이 났다. 얘들아! 잠은 자고 열공 하자.

보건샘's Talk

　건강검진 기관(병원)으로 방문하여 실시했던 1학년 학생 건강검진을 코로나19로 인해 2021년과 2022년은 한시적으로 출장 검진이 허용되어 학교에서 실시하였습니다. 검진 기관 선정과 검진 일정, 장소 등 신경 써야 할 것이 많은 데다, 채혈한 후 갑자기 몇몇 학생이 쓰러지는 일까지 겹쳐 출장검진은 완전 혼돈의 도가니였습니다. 다행히 쓰러진 원인이 채혈에 대한 불안감이라 상황은 금방 진정되었습니다. 하지만 검진 내내 긴장의 끈을 놓을 수 없었습니다. 더 큰 문제가 발생했을 때 의료기관에서처럼 신속한 의료진의 대처와 의료장비가 없기 때문입니다. 검진 학급 연락하랴, 아이들 줄 세우랴, 조용히 시키랴, 그 와중에 응급상황 처리까지….

　득보다는 실이 많은 출장 검진, 아이들 안전을 위해 의료기관 방문 검진으로 이루어져야 할 것 같습니다.

　학생건강검진, 이제는 국가건강검진과 함께 실시!!
　그동안 학교장이 지정한 의료기관에서만 가능했던 학생건강검진을 2024년 시범사업을 거쳐 학생과 학부모가 원하는 검진기관에서 실시할 수 있도록 하고, 검진결과는 국민건강보험공단의 '건강관리포털시스템'을 통해 영유아부터 성인기에 걸친 통합 건강관리체계를 구축할 수 있도록 개선이 된다.
　[출처: 교육부 공식 블로그, 2023. 5.25. 보도자료]

실신 시 응급처치

실신은 잠시 의식을 잃은 상태를 말한다. 뇌의 혈류량이 감소되어 일시적으로 의식을 잃게 되는 현상이다. 대개 일어선 상태에서 발생하는데, 사지에 맥이 풀려 주저앉거나 쓰러져 수초 또는 수분 정도 의식을 잃게 된다. 쓰러지는 그 자체가 뇌의 혈류를 회복시켜 곧 의식도 회복이 되고, 특별한 신경학적 장애를 남기지 않는 뇌 혈류 장애 현상이다.

1. 이름을 부르며 흔들어 깨워 의식과 호흡을 확인한다.
   (의식·호흡이 없는 경우: 심폐소생술 적용)
2. 환자 다리를 15~30cm 올려주고 옷을 느슨하게 한다.
3. 환자가 쓰러질 때 다른 손상을 입지 않았는지 확인한다.
4. 의식 회복되면 잠시 앉도록 하고 삼킬 수 있다면 당분이 있는 음료를 마시게 하고 자세를 천천히 똑바로 하도록 한다.
5. 맑은 공기를 마시게 하고 얼굴에 찬 수건을 대주면 회복에 도움이 된다.

너희도 많이 힘들구나

추적추적 비가 내리는 아침, 거친 숨을 몰아쉬며 훈이가 보건실에 왔다. 손으로 가슴을 부여잡은 채 훈이는 숨이 안 쉬어져서 가슴이 답답하다고 호소했다. 급히 측정한 활력 징후(호흡, 맥박, 혈압, 체온)는 호흡수가 증가한 것 이외 모두 정상이어서 천천히 호흡하도록 하며 상태를 지켜보았다. 보통 심하게 달리기를 하고 온 녀석, 친구와 다투고 분노가 극한에 다다른 녀석들은 이렇게 하면 몇 분 이내에 호흡이 안정되곤 한다. 하지만 훈이는 과호흡이 더 심해졌고, 긴장감으로 양팔을 떨고 있었다.

병원 후송이 필요한 응급상황으로 판단되어 휴대용 산소를 흡입시키며 지체 없이 병원으로 후송했다. 병원 도착 후 훈이는 응급으로 심전도와 흉부 X-ray 촬영을 하였고, 다행히 결과는 모두 정상이었다. 천식 등 기저질환이 없었던 훈이는 '불안으로 인한 과호흡'으로 진단받고 호흡을 진정시키기 위한 진정제를 수액으로 투약했다. 이내 곧 훈이의 호흡은 안정되었고, 훈이는 편안하게 잠이 들었다. 잠든 훈이 곁을 지키며 여러 생각이 들었다.

'너희도 많이 힘들구나, 마냥 해맑기만 한 줄 알았는데….'

보건샘's Talk

과호흡 발생 시 응급처치

1. 심호흡을 시킨다. (5~10회 반복시행)
   - 한 손은 복부에 한 손은 가슴에 놓게 한다.
   - 4초 동안 천천히 숨을 들이마시고 수 초 멈춘 다음 8초 동안 숨을 내쉬도록 한다.
   (※ 가슴의 손은 움직이지 않고, 배의 손이 움직이게 한다.)
2. 정서적으로 지지해 준다. 과환기(과다호흡 증후군)로 인해 나타나는 증상임을 이해시키고 스스로 조절할 수 있도록 격려한다.
3. 교복 셔츠, 넥타이 등 조이는 옷을 느슨하게 풀어준다.
4. 15~30분 간격으로 의식 상태, 신경학적 증상, 산소포화도, 활력 징후 등을 재평가한다.
5. 산소포화도가 떨어지면 산소를 제공한다.
6. 증상 유발 스트레스가 있다면 해소할 수 있도록 도와준다.
7. 증상이 완화되면 학급으로 복귀시킨다.
8. 증상이 완화되지 않는 경우 보호자에게 연락하고 병원 의뢰를 고려한다.

[출처: 응급처치 MASTER, 보건교사회, 대한의학]

청소년 스트레스 요인과 증상

1. 요인

 청소년은 성장 발달상 또는 환경 여건에 대한 적지 않은 고민이나 갈등 상황을 경험하며 왠지 화가 나고 우울하고 분노하며 자포자기 하는 등 많은 정서적 문제를 안고 있다.

 사춘기의 스트레스 요인은 급속한 신체적 발달과 이차 성징의 발현, 생식기능의 성숙 등 생물학적 측면이 특징적이다. 정신과 신체의 불균형, 성적인 공상과 현실과의 차이에서 나타나는 갈등, 내면에서 솟아오르는 성 충동의 고조는 새로운 스트레스를 야기하고 행동으로 나타나기 쉽다.

2. 증상
- 심리적 - 불안, 걱정, 근심, 신경과민, 성급함, 참지 못함, 짜증, 분노 등
- 근골격계 - 두통, 목이 뻣뻣해 짐, 이갈기, 어깨통, 요통, 관절염 등
- 사지와 피부 - 손발이 차가움, 발한, 가려움, 피부 발진 등
- 위장관 - 오심, 구토, 위산과다, 속 쓰림, 변비, 설사, 복통, 장염 등
- 심혈관 - 빠른 박동, 고르지 않는 맥박, 두근거림, 현기증, 흉통 등
- 호흡기 - 숨참, 과호흡, 천식 등
- 기타 - 떨림, 백일몽, 수면장애, 장시간 앉아 있지 못함 등

크리스마스 선물

크리스마스 이브에는 아줌마인 나도 괜스레 마음이 설렌다. 이런 설렘은 출근과 동시에 나를 애타게 찾는 녀석들로 일단 접어 두어야 했다. 곧장 아이들을 따라 2학년 5반 교실로 가보니 가슴의 흉통과 호흡곤란으로 힘들어하는 완이의 모습이 보였다. 아침 등굣길 버스 안에서부터 증상이 있었는데, 단순히 멀미하는 것으로 생각했다고 한다. 완이는 키가 크고 마른 체형이어서 순간 '기흉'이 의심되었다.

보건실로 옮겨 측정해 보니 흉부 청진음과 활력징후(맥박, 체온, 혈압) 결과가 예상대로 기흉의 대표적인 증상이었고, 특히 좌측 흉통을 심하게 호소하고 있어 되도록 빨리 응급실로 후송하였다. (좌측은 심장과 가까워 더 위험하다.)

응급실 도착 후 정밀검사가 이루어졌고 검사 결과 예상대로 '기흉'으로 진단되어 즉시 흉관 삽입술을 했다. 그리고 일주일 정도 입원하여 치료받아야 했다. 완이는 이렇게 원하지 않는 크리스마스 선물을 받게 됐다. 치료 잘 받고 건강한 모습으로 다음 주에 만나자는 인사를 나눈 후 병원을 나오자, 거리는 이미 크리스마스 분위기로 화려함을 뽐내고 있었다.

 **보건샘's Talk**

"척 보면 압니다."

어느 개그맨의 유행어처럼 기흉으로 찾아오는 아이들은 대부분 비슷한 모습이어서 쉽게 알아볼 수 있습니다. 보통 키가 크고 마른 체형으로, 보건실에 들어올 때부터 손으로 가슴을 쥐고 오는 경우가 많습니다. 그럴 때 아이에게 숨을 들이마시고 내쉬게 하여 청진을 하면 어김없이 바람 빠지는 소리가 들리고, 양쪽 가슴의 호흡음이 다릅니다. 간혹 흉통을 호소하지만, 청진으로 확인되지 않아 병원 진료를 받아보면 근육통인 경우도 종종 있습니다. 또 기흉은 신속한 처치도 중요하지만 재발 방지도 중요하기 때문에 체육 시간과 수련회 등에서 격렬한 활동을 하지 않도록 사전에 담당 교사에게 정보를 주면 아이들 건강관리에 큰 도움이 됩니다.

기흉의 원인과 치료법

- 환자가 편하게 호흡할 수 있도록 반좌위 또는 테이블에 베게 또는 쿠션을 놓고 앞으로 기댈 수 있는 자세를 취할 수 있도록 돕는다.
- 호흡곤란으로 불안해하는 환자에게 심리적 안정을 제공한다.
- 담임교사를 통해 보호자에게 연락한다.
- 산소포화도 결과에 따라 필요시 산소를 제공할 수 있다.
- 기흉 재발 방지를 위한 주의사항을 교육한다.

[출처: 응급처치 MASTER, 보건교사회, 대한의학]

10대 남자 아이들에게 기흉 발병이 높은 원인은 뭘까요?

국민건강보험공단에 따르면 남성 기흉 환자가 여성 기흉 환자보다 매년(2007~2012) 6배가량 많이 집계됐다. 또 연령대별 수술 환자 자료(2012)에서는 10대의 비율이 34.3%를 차지했다. 아직까지 10대를 포함하여 젊은 남자에서 자연 기흉이 흔히 발생하는 이유는 정확히 밝혀지지 않았다. 다만, 청소년기의 빠른 성장으로 폐 조직 발달이 폐혈관 발달을 앞질러 폐첨부 말단 부위에 혈액 공급이 상대적으로 부족해서 폐기포가 발생한다는 추정을 하고 있다. [출처: 삼성서울병원 건강 정보]

질주 본능

 겨우내 움츠렸던 날씨가 기지개를 키고 일어나듯 녀석들의 몸풀기도 함께 시작되었다. 녀석들은 체육 시간만으로는 부족한지 점심시간까지 뛰고 또 뛴다. 마치 원시시대 남자들의 수렵 활동을 보는 것 같다. 하지만 산짐승을 어깨에 메고 늠름하게 귀환했던 원시인들과는 다르게, 녀석들은 전쟁터의 패잔병처럼 보건실로 귀환하며 오늘의 질주 본능을 멈춘다. 순식간에 전쟁터 막사 분위기로 변한 보건실에는, 평소보다 과장된 표정과 목소리로 통증 호소를 하며 부상 부위를 2~3배 부풀려 보이게 해달라는 연기력 충만한 녀석들로 가득해진다.

 녀석들의 요구사항에 맞춰 스프레이 파스만 뿌려 주는 대신 크게 더 크게 완전 표시가 꽉꽉 나게 압박붕대를 감아준다. 얼음팩도 큰 것으로 떠억 올려주면 완전 취향 저격한 센스쟁이 보건샘이 된다.
 너무 과잉 진료가 아닐까 하는 우려도 해보지만, 심리적 만족감으로 녀석들의 빠른 회복에 도움을 주는 '플라세보 효과'를 선택하기로 했다. 나의 고객님들과 한바탕 소동을 치르며 오늘 점심시간도 이렇게 마무리한다.

보건샘's Talk

　정형외과 치료를 받다 보면 부수적으로 처방되는 용품이 의외로 많습니다. 대표적으로 목발과 석고붕대 신발인데요, 사실 이 용품들은 치료하는 동안 사용 빈도가 그리 높지 않아 치료가 끝나면 방치된 채 보관하고 있는 경우가 많습니다. 그래서 저는 교직원과 학생들에게 기부 받아 보건실에서 재사용하고 있습니다. 일명 '의료용품 아나바다'입니다.

　석고붕대 신발은 염좌 부위에 압박붕대를 감고 난 후 운동화나 실내화를 신지 못하는 녀석들에게 빌려줍니다. 목발은 골절이나 염좌로 병원에 갈 때 빌려주면 병원에서 추가로 구입하지 않아도 돼 경제적으로 도움이 됩니다.

염좌 치료 방법

- 관절이 운동 범위를 벗어나 심하게 움직여서 관절을 지탱하는 인대의 섬유가 늘어나거나 찢어진 상태다.
- 약 90%는 발바닥이 안쪽으로 뒤틀리게 되는 손상 시 발목의 바깥쪽 부분에 일어난다.
- 한 번 접질린 발목의 인대는 관절을 이루는 뼈와 뼈 사이를 잡아주는 역할을 해야 하는데, 그 역할을 점차 하지 못하게 되어 습관적으로 발목을 접질리게 된다.
- 열 요법은 근육 이완과 혈액순환이 목적. 손상 24시간 후 적용한다.
- 소염진통제를 선택적으로 사용할 수 있으며, 처치 후에도 통증을 계속 호소하면 의사의 진료를 받아보는 것이 좋다.

- Rest(안정) : 일어나거나 움직이지 않도록 함
- Ice(냉찜질) : 환부에 대주어 부종 및 통증 감소
- Compression(압박) : 탄력붕대로 환부를 적당한 강도로 압박, 고정
- Elevation(높이기) : 손상 부위를 심장보다 높게 해주어 부종 예방

보건교사의 정보력?

 7교시가 끝나갈 무렵 피 묻은 얼굴로 보건실에 들어오는 M 군. 남자고등학교 보건교사로 근무하면서 터득한 셜록 홈스의 추리력으로 축구로 다친 부상임을 금세 알아차릴 수 있었다. 남학생들의 축구사랑은 마치 축구에 한 맺힌 것처럼 열정적이다. 이 열정이 종종 골절이나 염좌, 십자인대 파열 같은 응급상황을 불러일으키기도 한다.

 안경테의 날카로운 면이 눈썹 아랫부분을 찔러 봉합할 정도로 깊게 찢어진 M 군의 얼굴 상처는, 자칫 잘못 치료하면 평생 얼굴에 흉터가 남을 수 있어 걱정이 되었다.

 얼굴 부위 열상은 근육 붙이는 것을 중시해서 꿰맨 실밥을 최대한 오래 두는 정형외과보다는, 실밥을 상대적으로 빨리 빼 흉터가 남지 않게 하는 성형외과를 선택하는 것이 좋다. 하지만 대다수의 성형외과는 예약제이고, 단순 봉합보다는 성형수술을 주로 하고 있기 때문에 치료 가능한 성형외과를 당장 찾기는 힘들다. 게다가 M 군이 부상당한 시간이 7교시여서 시간이 촉박했다. 부랴부랴 M 군을 응급조치하고 평소에 알아 둔 봉합 전문병원으로 보내려고 하니 병원 마감 시간이 다 되어갔다. 다행히 나는 미리 외상 전문병원 정보를 파악하고 있던 터였다. 그 덕분에 빨리 해당 병원에 연락하여 학교 사정을 얘기하였고, 감사하게도 병원에서 기다려주어 M 군은 치료를 무사히 받을 수 있었다.

응급상황 시 환자를 신속하게 후송하기 위해서 평소 틈틈이 학교 주변 병원들을 둘러보거나, 병원 진료를 받을 일이 생기면 학교 주변 병원에서 직접 진료받고 각 진료 과목별 병원 정보를 가지고 있으면 좋다. 또 학생들이 제출한 병원 진료확인서를 살펴보며 병원 정보를 정리해 놓으면 좋다. 그날의 부상으로 M 군은 한동안 파랗게 멍든 눈으로 등교해야 했지만, 평소에 준비해둔 정보력과 신속한 응급처치가 순조롭게 이루어져 나름 뿌듯하다.

보건샘's Talk

　저는 보건실에서 사용하고 있는 모든 의약품을 다 사용해 볼 수는 없지만, 기회가 되면 직접 복용해 보려고 합니다. 그것도 안 되면 복용한 학생과 선생님들께 복용 후기를 들어보거나, 약사의 의약품 상담 코너와 관련 도서를 참고합니다.

　그리고 병원에 갈 일이 생기면 가능한 학교 인근에 있는 병원을 이용하려고 합니다. 직접 진료받으면서 병·의원을 살펴보고 평소에 정보를 자세하게 파악해 놓으면, 아이들을 병원에 보내거나 담임선생님들이 아이들을 어느 병원으로 보내야 할지 물어보면 정확하게 안내해 줄 수 있어 좋습니다.

* 의약품 복약지도 참고 사이트: 이메딕(전문가 상담실), 힐링샘(의약품 상담)

* 응급의학과 전문의 상담 사이트: 코스모스 메딕(https://cafe.naver.com/cosmosmedic1)

* 의약품 관련 참고 도서: 강약중강약(알마), 알쓸신약(시대인), 이 약 먹어도 될까요?(다른)

상처의 종류

창상	■ 칼 등에 베인 상처. 수술 시 피부를 절개하는 등
둔상	■ 배에 충격을 받아서 발생하는 상처로 복벽에 심한 멍이나 내출혈이 발생할 수 있음 ■ 자동차, 자전거 등과 부딪히거나 땅으로 떨어지는 낙상, 또는 무거운 물체나 기계에 짓눌려져 생기는 압궤상을 들 수 있다
교상	■ 사람이나 동물에 물려서 생긴 상처. 감염이 발생할 가능성이 많음
열상	■ 외부의 충격이나 자극으로 인해 피부가 찢어진 상처. 경계가 너덜너덜한 형태 ■ 진피 이상 손상된 열상은 대부분 출혈이 동반되므로 지혈→세척→상처보호 등의 응급처치 후 적절한 치료가 필요하다
절상	■ 끝이 예리한 칼이나 유리, 파편 등에 피부가 잘려져 생기는 상처
자상	■ 끝이 날카롭거나 예리한 못, 송곳, 칼 등에 찔려서 생긴 상처
관통상	■ 총알, 칼 등 어떤 물체가 몸을 꿰뚫은 상처
찰과상	■ 물체와의 마찰에 의해 피부 표면에 생긴 상처 ■ 표피까지의 피부 손상을 의미하며 큰 출혈이 없음
타박상	■ 물체와의 충돌로 피부의 넓은 면이 충격을 받아 생기는 상처 ■ 대부분 멍이 흔하다

대화가 필요해

　보건실에 매일 출석 도장을 찍는 우수(?) 고객들이 있다. 단순 찰과상과 발목 염좌로 1~2주 동안 매일 오는 고객들이다. 치료는 드레싱과 상처 연고를 발라주고 발목에 파스와 압박붕대를 감아주는 것뿐, 특별하거나 복잡하지 않은 단순한 치료들이다. 그런데도 하루도 거르지 않고 꼬박 꼬박 출석한다.
　'고등학생이나 된 녀석이 단순한 치료도 못 하는 거야?'
　'내가 2주 내내 이렇게 해줘야 한다고? 집에서 직접 하려니 귀찮았을 거야!'
　녀석들이 신발을 벗고 발가락을 내미는 순간 2주 내내 참았던 내 인내심이 한계에 부딪혀 결국 말을 꺼냈다.
　"이 정도 상처는 집에서 충분히 스스로 할 수 있지 않을까? 19살인데."
　"네. 할 수 있어요. 그런데 선생님께서 해주시면 더 전문적이고 특별한 것 같아서요."
　의외의 답변이었다. 맘껏 오해를 했던 나는 순간 할 말이 없었다. 그러고 보니 내가 학교의 유일한 전문가인 것을 나만 잊고 있었다. 누구보다 내가 나를 인정해 줘야 하는데 내 스스로가 인정하지 않았다니.

부끄럽고 미안했다. 내가 나에게 토닥토닥 해본다. 앞으로 더 많이 사랑할게.

보건샘's Talk

　아이들의 외상치료 부위는 참으로 다양합니다. 그 중에서 손가락, 발가락, 무릎, 팔꿈치처럼 많이 움직이는 부위는 치료 후에 단단히 고정을 해줘야 합니다. 많이 움직이는 부위이기도 하고, 활동이 많아서 그렇게 하지 않으면 똑같은 일로 보건실에 2~3번씩 방문하는 일이 생깁니다. 그래서 저는 이 부위에 테이핑 테이프를 주로 사용하고 있습니다.

　테이핑 테이프는 본래 스포츠 외상의 통증을 위한 목적으로 사용되지만, 저는 동그랗게 구멍을 내서 관절 부위에 붙인 밴드가 떨어지지 않도록 고정하는 용도로 사용하고 있습니다. 그렇게 하면 움직여도 밴드가 잘 떨어지지 않아 좋습니다.

〈삽화: 이병윤〉

찰과상 상처 관리

1. 상처가 지저분한 경우와 깨끗한 경우로 크게 나눌 수 있는데 원칙은 같다.
- 상처를 흐르는 물이나 생리식염수, 기타 수용액 등으로 씻는다.
- 이때 되도록 상처 부위는 손으로 건드리지 않도록 하고, 이물질은 흐르는 물로 자연스럽게 떨어져 나가게 한다.

2. 그리고 그냥 말리면 된다. 공기로 오염되지 않는다. 하지만 여러 군데 닿을 위험이 있다면 드레싱으로 방지한다.

3. 상처 부위를 건드릴 위험이 있을 때는 시중에 나와 있는 연고 등을 발라주고, 밴드나 거즈 등으로 붙여준다.
- 가벼운 상처 등에는 연고를 바르지 않고 밴드나 거즈를 붙인다.
- 다만 상처가 지저분한 경우에는 물로 깨끗이 씻어준 후에 알코올이나 과산화수소수 등을 쓸 수도 있지만, 대부분의 작거나 깨끗한 상처는 물로만 씻어주는 것으로도 충분하다.
- 얼굴이나 기타 피부가 약한 부위에는 절대로 자극적인 소독약(과거의 빨간약) 머큐로크롬, 알코올 등을 사용해서는 안 된다. 매우 자극적이기에 피부에 흉터가 남을 수 있으니 간단히 흐르는 물로만 씻고 바로 병원으로 가야 한다.

열상 & 찰과상 병원 후송 시 주의사항

- 봉합이 필요한 경우 소독약이나 연고를 바르지 않고 상처를 깨끗이 하고 멸균거즈로 덮어 후송한다.
- 출혈이 많아 덮었던 거즈가 모두 젖은 경우, 멸균거즈를 그 위에 덧대어 압박하며 후송한다.
- 상처에 칼, 못, 유리 등이 박혀 있는 경우 빼지 말고 붕대나 타월 등으로 고정하여 후송한다.
- 장갑을 끼고 드레싱 후 직접 압박해서 지혈한다.
- 가능한 경우 출혈 부위를 올려준다.
- 드레싱을 떼지 말고 필요한 경우 드레싱을 덧댄다.
- 직접 압박과 거상으로 지혈이 안 되는 경우에만 지혈대를 사용한다.

[출처: 2022 경기 학교보건 실무 매뉴얼]

니가 왜 거기서 나와?

유난히 햇살이 따스했던 점심시간, 마음마저 평화로워 한껏 여유를 부리고 있었다. 그리고 나만큼 여유로워 보이는 한 녀석이 보건실에 왔다. 아무 일 없다는 듯 보건실에 차분하게 들어온 녀석은 무슨 일이냐는 나의 물음에 쓰윽 팔뚝을 내밀었다. 녀석의 팔뚝에는 압정 하나가 떡하니 박혀 있었다.

"니가 왜 거기서 나와?"

나도 모르게 튀어나온 말에 우리는 함께 웃었다. 오늘 햇빛이 좋아 교실 창틀에 기댔는데 뭔가 이상한 느낌이 들어서 보니 이렇게 압정이 박혀 있었다는 것이다. 녀석은 말하는 내내 믿기지 않는다는 표정을 지었다. 말하는 녀석은 물론 듣는 나도 이 상황이 너무 어이없어 한참을 웃다가 조심스레 핀셋으로 압정을 건드려 보았다. 그런데 팔뚝에 박힌 압정은 꿈쩍도 하지 않았다.

어느 부위에 어느 정도 깊이로 박혀 있는지 알 수 없기에 무리하게 시도하면 위험하겠다는 판단이 들었다. 녀석을 병원으로 보냈고, X-ray 판독 결과 압정은 놀랍게도 뼈에 박혀 있었다. 다행히 박힌 정도가 많이 깊지 않아서 별일 없이 무탈하게 마무리되었다. 언제 어디로 튈지 모르는 녀석들의 안전사고는 늘 나를 긴장시킨다.

보건샘's Talk

보통 못, 칼, 바늘 등에 찔리면 상처는 좁고 깊게 나게 되고 출혈은 미약합니다. 따라서 피에 의해 세균이 밖으로 씻겨 나올 확률이 적어지므로 염증이 발생할 확률이 높고, 특히 파상풍균은 산소가 부족한 깊은 상처 부위에서 잘 자라므로 더욱더 감염될 확률이 높습니다. 따라서 모든 자상은 진찰받는 것이 원칙입니다.

일반적인 처치 방법 및 주의사항은 열상의 경우와 동일합니다. 자상의 경우 특별한 것은 상처 부위를 압박하여 피가 나오도록 함으로써 세균이 밀려 나오도록 해야 합니다.

[출처: 차케어스(https://www.chamc.co.kr/health)]

자상(Puncture) 응급처치

1. 자상은 찔린 정도에 따라 응급처치가 다르다
   ① 바늘, 손톱, 철사, 총알, 생선 가시 등 뾰족한 물체가 신체 조직을 뚫고 들어간 경우
      - 핀셋이나 족집게 등으로 상처에 박힌 물질을 빨리 뽑아내야 통증도 없고 치료도 쉽다.
      - 상처 부위가 잘 감염되지 않으나 대부분 출혈이 심하다.
   ② 못, 바늘, 철사 혹은 총알 등에 찔리거나 조직을 뚫고 지나간 상처
      - 상처 부위가 좁고 깊어 소독하기 곤란하며, 출혈은 많지 않아도 감염의 위험이 크므로 소독 후 항생제나 파상풍 예방을 위해 병원으로 이송한다.

2. 상처를 찌른 것이 깊이 박힌 경우 억지로 빼내려 해서는 안 된다
   - 박혀 있는 물질이 지혈해 주기 때문이다.
   - 깊이 박힌 경우, 나중에 빼낼 수 있을 만큼만 남긴 뒤 빨리 병원으로 가는 것이 좋다.

뜨겁게 달궈진 프라이팬에서 달리기

 점심시간이 끝나고 5교시가 시작되었다. 비로소 나도 차 한 잔을 들고 보건실 창가에 섰다. 한숨 돌리며 바라본 하늘은 구름 한 점 없이 맑았다. 하지만 나 홀로 즐기는 여유로움은 땀 흘리며 들어오는 한 녀석으로 인해 오래 가지 못했고, 녀석의 발바닥은 엉망진창이었다. 한낮의 이글거리는 햇볕에 뜨겁게 달궈진 운동장 트랙에서 녀석은 맨발로 달리기를 했단다. 비유하자면 뜨거운 프라이팬에서 맨발로 달리기를 한 셈이다. 수행평가 기록도 좋지만 얼마나 아플까.
 "운동장에서 신발 벗지 않기! 긴 바지 입기!"
 매년 학기 초가 되면 말하고 또 말을 하지만 수행평가를 앞둔 녀석들에게는 통하지 않는다. 뛰고 난 뒤 '앗, 뜨거워!'를 외치며 후회한들 때는 이미 늦었다. 빨개진 발바닥, 물집이 생긴 발바닥, 껍질이 벗겨진 발바닥 등등 정도의 차이만 있을 뿐, 화상으로 빨갛게 익은 발바닥은 결국 지금 내 앞에 놓여 있다.
 화상은 물집의 유무가 중요하다. 물집이 없다면 1도 화상으로 흉터 없이 치유되지만, 물집이 생기면 2도 이상의 화상으로 흉터가 발생할 가능성이 있다. 치료 원칙은 물집 자체가 세균감염으로부터 보호막이므로 터뜨리지 말고 보호해 줘야 하는데, 물집을 터뜨리거나 너덜

거리는 피부 껍질을 벗겨 달라고 녀석들은 찾아온다. 피부 껍질은 벗기지 않은 채 그대로 두고 항생제 연고(후시딘 연고)를 충분히 발라주면서 물집을 터뜨리거나 피부를 벗기면 왜 안 되는지를 한참 설명한다. 그러고는 걸을 때 충격이 덜 가도록 발바닥에 쿠션처럼 거즈를 두껍게 대주고 얼음팩으로 발바닥의 부종과 따끔거림을 완화시켜줬다. 치료를 마치고 불편한 걸음으로 나가는 녀석의 뒷모습을 바라보며 얼마나 더 강조해서 말해야 하나 고민에 빠진다.

보건샘's Talk

저는 수업 첫 시간에 보건 수업에 대한 소개와 함께 체육 시간에 지켜야 할 일에 대해 꼭 교육하고 있습니다. 운동장에서 넘어져 다리에 찰과상을 입는 아이들을 치료하면서 '소 잃고 외양간 고치지 말자'는 결심을 했기 때문입니다.

그래서 다쳤던 아이들의 다양한 상처들을 사진 촬영하여 수업 시간에 자료 화면으로 보여주었습니다. 사진에는 체육 시간에 긴 바지 착용, 발목 위로 올라오는 양말 착용, 운동장 트랙에서 신발을 벗지 말아야 하는 이유가 고스란히 드러나 있어 훨씬 설득력이 있습니다. 그리고 의욕이 앞서는 수행평가 기간에는 체육 선생님께 한 번 더 부탁드려 지도하고 있습니다.

화상 상처 관리

- 가장 먼저 화상 부위를 찬물에 20분 정도 담가 피부의 열기를 충분히 식힌다.
- 소독된 거즈로 느슨하게 덮어주고 물집이 생긴 경우 터트리지 않는다. (세균감염)
- 화상 부위는 습기를 유지해야 빨리 치유가 되므로 삼출물 흡수가 잘 되고 감염의 위험성을 줄일 수 있는 습윤 드레싱을 한다.
- 감염병 예방과 화상 상처 치료 시 약품에 따라 과민반응을 보일 수 있으므로 전문의의 진료와 처방에 따르도록 한다.
  (민간요법이나 개인적인 판단에 따른 치료 지양)
- 화상 상처가 치료된 후 피부에 색소가 침착되지 않도록 정상 피부색으로 돌아올 때까지 자외선 차단제를 지속적으로 발라준다.
- 실마진 연고 도포는 얼굴 부위를 제외하고 도포 가능하나 'sulfa 알레르기'가 있는 경우나 포도당 5 인산 탈수소효소 결핍증(glucose 5 phosphate dehydrogenase deficiency)을 기저 병력으로 가지고 있는 경우는 사용할 수 없다.

[출처: 응급처치 MASTER, 보건교사회]

사연 많은 엄지발가락

 남자고등학교에서의 축구사랑은 그야말로 '찐 사랑'이다. 날씨에 구애받지 않는 녀석들은 눈이 오든 비가 오든 언제나 국가대표 선발전처럼 뛴다. 이렇게 날이면 날마다 뛰는 녀석들의 발은 당연히 성할 리 없다. 발바닥 화상, 발뒤꿈치 상처, 발목 염좌, 발바닥 족저근막염, 내향성 발톱 등등 발에 얽힌 사연들로 넘쳐난다. 이상하게 하루 종일 발만 치료하게 되는 날이 있는데, 이런 날은 퇴근할 때 손에서 발 냄새가 나는 것 같은 착각이 들기도 한다. 이 많은 사연 중 보건실 단골 메뉴는 '내향성 발톱'이다.

 내향성 발톱의 원인은 다양한데 남학생들의 대다수는 축구에 대한 강한 승부욕만큼이나 꽉 조여 맨 축구화가 원인이 되는 경우가 많다. 처음에는 엄지발가락의 외측이나 내측이 약간 빨개지면서 붓거나 가벼운 통증이 생긴다. 그러다 마찰이 계속되면 더 붓고 진물이 나며, 발톱 주위가 곪기 시작하여 심한 통증으로 발전한다.

 녀석들은 딱! 이 타이밍에 온다. 호미로 막을 것을 가래로 막는다는 말이 딱 맞는 순간이다. 진물과 염증이 아주 심한 상태가 아니면 3~4일 동안 매일 식염수로 닦아주고 후시딘 연고만 잘 바르면 말끔하게 치료할 수 있는데, 오늘도 녀석들은 여전히 땀범벅이 된 축구화에서 발을 꺼내 보인다. 그리고 일주일 내내 매일 같이 찾아온다. 스물 스물 풍기는 발 냄새를 일주일 동안 맡아야 하는 나는 '인내심 2배 쿠폰'을 쓴다.

보건샘's Talk

　　남학생들의 축구 사랑은 발가락에 다양한 상처를 남깁니다. 발을 밟혀서 발톱이 빠지기도 하고, 꽉 조인 축구화 때문에 엄지발가락에 염증이 생기기도 합니다. 이런 저런 상처를 가지고 아이들은 결국 보건실에 옵니다. 그런데 이런 상처는 전문적인 치료가 딱히 필요하지 않아 잘 소독하고 감싸주기만 하면 되는데, 아이들은 무방비 상태로 방치하다 다급해지면 찾아옵니다. 이럴 때 저는 주로 '코반'을 사용합니다. 퉁퉁 부어 스치기만 해도 아픈 발가락에 2~3장의 거즈를 두껍게 대어 옆의 발가락이 닿지 않도록 공간을 주고, 신발이 발가락을 눌러 아프지 않도록 쿠션감을 주기 위한 것인데, 이럴 때 코반을 이용하여 고정해주면 좋습니다. 코반은 자가접착식 제품으로 고정을 위한 반창고나 핀이 필요 없어 시간도 절약되고, 밀착력이 강해 단단히 고정할 수 있습니다. 사이즈도 다양하여 여러 부위에 사용할 수 있어 편리합니다.

내향성 발톱의 올바른 대처

1. 원인

내향성 발톱의 원인은 다양하다. 유전적으로 발톱이 파고드는 모양으로 자라는 경우, 무좀으로 인해 발톱 모양이 변형된 경우, 비만이나 노화 또는 꽉 조이는 신발로 인해 발톱 굴곡이 심해지는 경우 등이 있다. 발톱 중에서도 주로 엄지발톱에 생기는데, 이는 보행 시 몸의 무게와 압력을 가장 많이 받는 부위이기 때문이다.

2. 증상

초기에는 발톱 주변이 빨개지면서 욱신거리는 통증으로 시작된다. 그러나 발톱이 점점 자라고 압박과 마찰이 심해지면서 발가락이 빨갛게 부어오르고 진물까지 나게 된다. 이 단계에서도 심각성을 인지하지 못하고 방치하게 되면, 피하조직 안까지 세균이 침범하여 화농성 염증을 일으키는 등 이차 감염으로 확대될 수 있다.

3. 치료 및 관리

내향성 발톱의 치료는 염증과 붓기, 통증을 먼저 가라앉히는 것부터 시작한다. 상태가 심각하지 않다면, 2주 정도 항생제와 소염제를 복용하면서 경과를 지켜볼 수 있다. 이후 발톱 주위 피부를 멀리 아래로 내려주는 테이핑 등의 치료를 하기도 한다.

 이 밖에도 의료용 발톱 교정기를 이용하여 발톱의 모양을 곧게 교정할 수도 있다. 그러나 발톱 주위 피부에 염증과 부종, 통증 등의 증상이 심각한 경우에는 발톱을 제거하는 수술이 필요할 수 있다. 내향성 발톱은 재발 가능성이 큰 질환으로 치료만큼이나 예방도 중요하다. 발톱을 자를 때는 일자로 곧게 잘라 옆부분이 파고들지 않도록 해야 한다. 또한 꽉 끼는 신발이나 하이힐 착용을 자제하도록 하며, 청결에 신경을 쓰고 마사지와 족욕을 해주는 것도 좋다.

[출처: 서울 도담외과(https://m.blog.naver.com/smcdodam)]

복통 그때 그때 달라요

유난히 복통을 호소하는 녀석들로 보건실이 붐비는 요일이 있다. 바로 월요일이다. 주말에 다양한 음식을 먹고 탈이 난 녀석들은 보건실 문을 열기 전부터 줄을 선다. 복통은 다양한 원인으로 발생하기 때문에 신체검진(문진, 시진, 촉진, 청진)만으로 100% 정확하게 진단을 내리기 어렵다. 하지만 많은 시행착오를 겪으면서 복통 구별법이 생겼다.

보통 월요일 이른 아침부터 찾아오면 주말에 먹은 음식이 원인인 경우로 설사와 복통을 동반하는 경우가 많다. 이럴 때 대개 장염일 확률이 높아서 바로 병원 진료를 받게 하는 것이 좋다. 점심 식사 후 바로 운동하고 생긴 복통과 책상에 엎드린 후 생긴 복통은 위장이 꼬여 증상을 일으키는 경우가 많다. 이때는 특별한 투약 없이 옷을 느슨하게 하고 30분 정도 편하게 휴식을 취하면 증상이 사라진다.

두통을 호소하는 복통은 급체한 경우로 오심(울렁거림) 증상을 동반하기도 한다. 소화제를 투약하기는 하나 심한 경우 구토를 하는 사례가 많다. 구토 후 불편했던 속이 가라앉기도 한다. 이런 경우 급식은 패스하고 위를 비우는 것도 도움이 된다. 급식을 먹는 경우는 메뉴를 체크하여 먹어도 되는 것을 지도해 주면 좋다. 이처럼 복통은 증상도 다르고 처방도 다 달라 세밀한 문진과 진찰을 필요로 하는 질환이다. 흔한 질환이지만 결코 쉽지 않은 질환이 바로 복통인 것 같다.

보건샘's Talk

시험 기간에 두통 환자가 많듯 주말을 지나고 월요일은 소화기 문제로 찾아오는 아이들이 많습니다. 소화불량, 급체, 복통, 설사 등은 대부분 음식이 원인이어서 증상이 호전될 때까지 음식을 가려서 먹게 해야 하는데, 구체적으로 콕 집어서 말을 해주지 않으면 아이들은 잘 모릅니다.

그래서 저는 급식 식단표를 확인한 후, 어떤 음식은 피하고 어떤 음식은 먹어도 되는지 알려줍니다. 이외에도 급식 식단표는 점심 식사 후 유난히 복통이나 소화불량을 호소하는 학생이 많을 때, 그 원인을 찾기 위한 중요한 단서로 사용되기도 합니다. 요즘은 학교 홈페이지 뿐만 아니라 핸드폰 어플을 이용해서 쉽게 찾아볼 수 있으니, 급식 식단표를 유용하게 활용해 보길 추천합니다.

복통의 원인별 처치

1. 상복부 중앙이 더부룩하면서 통증이 있는 소화불량인 경우
   - 소화제를 복용한다.
   - 소화불량이 생기지 않도록 식사를 천천히 꼭꼭 씹어 먹는다.

2. 아침을 굶어 배가 고픈 경우
   - 속이 쓰리거나 배가 뒤틀린다고 표현한다.
   - 따뜻한 물이나 미지근한 우유를 마시게 한다.

3. 음식물에 체한 식후 복통의 경우
   - 급식 시 너무 많이 먹거나 기분이 좋지 않은 상태에서 발생한다.
   - 구토가 있으면 토하게 하고 소화제를 복용시킨 후 안정시킨다.

4. 식후 갑자기 운동한 경우
   - 복통은 공기흡입으로 복부 팽창이나 과대 연동운동 때문이다.
   - 바로 눕혀 복부에 더운 물주머니를 대어 주면 가스가 나오면서 복통이 해소된다.
   - 식후 1시간 정도는 쉬도록 한다.

[출처: 학교보건의 이론과 실제, 현문사]

묽은 변의 해프닝

 월요일 출근과 동시에 울린 전화는 오전 내내 계속되었다. 중국으로 일주일 동안 해외연수를 갔던 2학년 녀석들이 금요일에 입국하면서 문제가 된 모양이다. 기름진 중국 음식을 먹고 평상시보다 묽은 변을 본 것을, 녀석들은 설사로 착각하고 '입국 건강 질문서'에 솔직하게 체크를 했다고 한다. 단체여행에서 2명 이상 같은 항목에 체크가 되어 녀석들은 깐깐하고 꼼꼼한 검역대를 통과해야 했다. 공항에서 장시간 발이 묶인 다른 학급의 녀석들은 버스 안에서 아우성이었고, 결국 예상 시간보다 훨씬 늦은 시간에 학교에 도착했다. 그리고 우리 학교는 추적관리 대상이 되었다.

 관리 대상이 된 해당 학생들은 집 주소지 관할 보건소로 연락이 되었고, 관할 보건소에서는 우리 학교로 연락을 해왔다. 참고로 우리 학교는 전국 단위로 학생을 선발한다. 영문도 모른 채 월요일 아침부터 전국에서 연락을 받으니 어리둥절하기도 하고 새삼 우리나라 전산 시스템에 놀랐다. 그날 이후 학생들을 매일 체크해야 했고, 그 내용을 일주일 동안 매일 전국의 보건소로 각각 보고를 해야 했다.
 "선생님! 도착해서 첫날 묽은 변을 봐서 체크했는데요."

심각성을 모르는 녀석들의 대답은 복잡한 내 머릿속과 다르게 참으로 간단했다. 여행 입·출국 사전교육의 필요성을 느끼며 일주일 동안 긴장하며 대처했던 수고스러움은 별일 없이 마무리되었고, 감염병 초기 대응과 추후 관리에 대해 다시 생각해 보게 됐다.

보건샘's Talk

　설사는 몸에 들어온 나쁜 독소 따위를 빨리 밖으로 빼내려는 보호반응이기 때문에 설사라고 해서 무턱대고 지사제부터 찾는 것은 옳지 않습니다. 독소가 몸 안에 있으면 심각한 문제가 생길 수 있는데, 이럴 때 설사만 멎게 하면 독소가 나가지 못해 더 위험할 수 있습니다. 특히 상한 음식을 먹고 열이 나며 설사와 함께 구토를 하면 즉시 병원에 가야 합니다.

[출처: 헬스경향(http://www.k-health.com), 정일영 대전 십자약국 약사]

설사 증상에 따른 약물 복용법

설사 증상	분류	성분명	해당 제품
물설사	장관운동 억제제	로페라미드	로프민 캡슐
		로페라미드+시메티콘	로페시콘 츄정
감염성 설사 (열, 복통, 냄새나는 진흙 같은 변)	항균제	크레오소트 (구아야콜)	정로환에프정
		니푸록사지드	에세프릴 캡슐
		아크리놀, 베르베린 복합제	로이디펜 캡슐
속 쓰림 동반한 설사, 경미한 설사	흡착제	디옥타페드랄 스멕타이트	스타빅 현탁액 (구)스멕타현탁액
복통을 동반한 설사	진경제	스코폴라민을 포함하는 복합제 (진경제+항균제+수렴제+이담제)	탈스탑 캡슐

[출처: 건강이 활짝! 파란문 약국 블로그, https://blog.naver.com/paranmoonpharmac]

포기 못 해 앞머리!

해마다 학생회장 선거 공약 1순위와 학생회 회의 안건 1순위는 두발 규정이다. 그 정도로 머리는 남학생들에게도 매우 중요한 문제다. 내가 보기에 남자 머리가 다 거기서 거기인 것 같은데 말이다. 그래서 녀석들은 졸업하자마자 제일 먼저 하고 싶은 머리 스타일로 변신한다. 심지어 한 달 밖에 되지 않은 방학에도 펌이나 염색을 한다. 한 달 후에 다시 원상 복귀를 해야 하는 것을 알면서도 말이다. 그나마 이도 저도 할 수 없는 학기 중에 녀석들이 할 수 있는 최대의 멋 부림은 앞머리 스타일링이다. 시원하게 싹 쓸어 올려 이마를 훤히 드러내면 참으로 속이 후련하겠는데, 녀석들은 눈을 찌를 듯한 앞머리를 하고 보건실에 온다.

"눈이 아파요."
"눈이 충혈됐어요."
"이마에 여드름이 터졌어요."

앞머리가 눈을 찔러 충혈이 되는 것이고, 이마에 여드름도 머리카락 세균이 더 악화시키는 주범이니, 되도록 머리카락이 이마를 덮지 않게 하라는 나의 설명에 녀석들은 그다지 받아들일 마음이 없어 보인다. 그저 집에서 들었던 엄마 잔소리 정도로 생각하며 흘려 듣는다. 잔소리를 피해 원하는 치료만 받고 빠르게 보건실을 빠져나가는 녀석의 뒷모습을 보며, 선생님 눈을 피해 스프레이로 앞머리를 세웠던 내 학창 시절이 문득 떠올라 갑자기 웃음이 났다.

보건샘's Talk

여드름 때문에 고민인 아이들이 많아서 피부관리 동아리를 운영한 적이 있습니다. 자칫 잘못하면 피부 트러블이 생길 수 있어 가급적 전문적인 요법보다는 생활 속에서 꾸준히 실천할 수 있는 내용으로 계획을 세웠습니다.

올바른 세안법에 대해 배우고 다 같이 세안하기, 여드름 피부에 좋은 아로마 비누 만들기, 천연 재료(오이, 당근, 양배추)로 마사지 팩 만들어 마사지하기, 축제 때 아로마 비누 만들기 체험 부스 운영하기 등 아이들이 관심 있는 주제로 동아리를 운영하니 훨씬 적극적으로 참여해서 즐거웠습니다. 하지만 활동(세안, 비누 칩 끓이기, 팩 재료 손질)이 많아 사전 준비와 뒷정리 등으로 힘든 점도 있습니다.

청소년 여드름 관리

청소년기에 여드름을 손으로 잡아 뜯고, 손톱으로 긁으면 증상이 더 악화되고 흉터나 색소침착과 같은 문제를 유발할 수 있다. 앞머리로 가리거나 화장을 하는 등의 방법도 전체적인 관리에는 좋지 않다. 머리카락이 이마에 닿으면 머리카락 피지가 피부에 묻어 피부에 자극을 주기 때문이다. 머리카락을 내리고 다니는 것보다는 단정하게 올리는 것이 여드름 예방에 좋으며, 눈병 예방을 위해서도 앞 머리카락이 눈을 찌르지 않도록 주의해야 한다. 여드름 난 부위에 머리카락이 닿지 못하게 할 수 없다면, 머리를 자주 감아 머리카락의 피지가 피부에 덜 묻게 하는 것이 좋다.

- 이마 부위에 발생한 여드름
  : 앞머리로 이마를 가리거나 샴푸를 제대로 헹구지 않았을 때 생긴다.

- 양 볼에 발생한 여드름
  : 잦은 휴대폰 사용, 소독되지 않은 침구류 등에 의한 접촉으로 나타난다.

- 입 주변 여드름
  : 과도한 스트레스나 두터운 각질 등이 원인이 된다.

꽃미남의 길은 멀고 험하다.

　체육복으로 갈아입은 3학년 녀석들이 우르르 보건실로 몰려왔다. 녀석들은 운동장으로 나가기 전에 선크림을 바르려고 왔다면서 거울 앞에 서서 열심히 바르기 시작했다. 거울 앞에 옹기종기 모여 있는 모습을 보니 순간 여기가 여고인지 남고인지 잠시 헷갈렸다. 구릿빛 피부가 남자답다고 했던 말은 이제 옛말이 되었다. 요즘 남학생들은 선크림은 기본이고 약하게 BB크림을 바르며 피부에 엄청 신경을 쓴다. 그렇다면 청춘의 꽃 여드름은 어떻겠는가. 물론! 엄청나게 관리를 한다.
　"선생님! 여드름 패치 붙여주세요."
　어디서 주워들었는지 녀석들은 좁쌀만한 여드름 하나를 위해 4층에서부터 1층까지 기꺼이 내려온다. 늘 귀찮아 하는 표정이 얼굴에 배어 있는 녀석들에게 볼 수 없는 광경이라 그저 감탄스러울 뿐이다.
　하지만 감탄은 여기까지다. 녀석들은 여드름 패치를 붙일 줄만 알았지 어떻게 붙여야 하는지, 어떤 제품을 사용해야 하는 것 까지는 알고 있지 않다. 게다가 여드름 관리는 첫째도 청결, 둘째도 청결인데 녀석들은 얼굴은 물론이고 손도 잘 안 씻으면서 여드름 패치만 만병통치약처럼 붙이려고 한다.

식염수로 여드름 자국을 닦아주며 너희들이 여드름 패치로 부르는 것은 습윤밴드인데, 여드름에는 습윤밴드를 붙이는 것보다 훨씬 더 중요한 것이 세수와 손 씻기라고 주저리 주저리 늘어놓는다. 엄마의 잔소리를 피해 달아나듯 보건실을 황급히 빠져나가는 녀석들의 뒤통수에 대고 나는 한마디 더 던져본다.

"얘들아! 꽃미남의 길은 멀고 험하단다."

보건샘's Talk

아이들이 몰려오는 쉬는 시간에 보건교사에게 필요한 것은 '스피드(Speed)'입니다. 그래서 저는 최대한 손이 한 번이라도 덜 가는 제품을 선호합니다.

드레싱 밴드와 파스는 한 번에 쫙 떼서 붙이는 일체형을, 여드름을 위한 습윤밴드는 원형을 구매하여 크기에 맞춰 자르는 시간을 절약하고 있습니다.

하루가 멀다고 신제품이 쏟아져 나오는 요즘, 학교 보건실에 맞는 제품으로 출시된 것은 없는지 때때로 찾아보는 것도 좋을 것 같습니다.

습윤 드레싱제의 종류

구분	필름	하이드로콜로이드	폼	알지네이트/하이드로화이버
상품 예시	플랙시픽스, 테가덤	듀오덤, 이지덤, 메디터치	이지덤폼, 하이맘폼, 메디폼	칼토스테이트, 알지네이트, 아쿠아셀
재질	아크릴, 폴리우레탄	젤라틴, 펙틴	폴리우레탄	칼슘염/CMC
두께	얇음	도톰하고 말랑함	두껍고 폭신	비직물성 섬유
밀착성	잘 붙음	잘 붙음	잘 떨어짐	잘 떨어짐
흡수력	거의 없음	중간	좋음	아주 좋음
치료 목적	습도유지 상처보호	습도유지 상처보호 삼출물 흡수 괴사조직 자가 탈락	습도유지 상처보호 삼출물 흡수 괴사조직 자가 탈락	습도유지 상처보호 삼출물 흡수 사강 채우기
상처 유형	진물이 거의 없는 비감염 상처	진물이 적은 비감염 상처, 화상	진물이 많은 상처, 욕창, 2~3도 화상	진물 많고 깊은 상처

[출처: 2023 한눈에 보는 보건 업무 길라잡이, 서울시 교육청]

※ 삼출물 속에는 매우 강력한 항생물질인 백혈구 임파구가 매우 많아서 항생제 연고는 필요하지 않다. 또한 연고를 바르게 되면 연고의 오일 성분 때문에 습윤밴드가 상처에 제대로 부착되지 않는다. 따라서 습윤밴드를 사용할 때는 어떤 연고도 사용하지 않는다.

습윤 드레싱제의 사용법

1. 상처 부위를 생리식염수로 소독하고 완전히 건조한다.
2. 습윤밴드를 상처 부위보다 크게 자른다. (여드름이 작으면 약 0.5cm, 큰 부위라면 약 2cm 여유롭게 자른다.)
3. 박리지를 떼고, 상처 부위에 붙인 후 잘 붙도록 30초간 부드럽게 눌러준다. (체온에 의해 하이드로 콜로이드가 피부에 더 잘 밀착된다.)
4. 붙이고 나면 진물(삼출물)이 흡수되어서 하얗게 부풀어 올라옵니다. 이 진물(삼출물)에 상처 치유 성분이 함께 나오는 것이고, 다시 흡수되면서 치유가 되기 때문에 잘 머금고 있도록 며칠 유지 시켜 줘야 한다. (자주 갈아준다고 좋은 것이 아님!!)

- 진물이 많은 경우: 진물이 가장자리를 넘어 새어 나오면 갈아준다. (하루 안에 진물이 새어 나와도 갈아줘야 함)
- 진물이 적은 경우: 2~3일간 붙여 놓았다가 갈아준다. (하얗게 부풀어 오른 부분이 다시 흡수되어 평평해짐)

감염병, 어김없이 또 왔구나!

 코로나19 감염병 등장과 함께 방역물품 확보 전쟁이 시작되었다.
 "약국이죠? 마스크 재고 있나요?"
 "○○상사죠? 마스크 구입할 수 있나요?"
 하루 종일 전화기를 붙잡고 방역물품을 수소문해 보지만, 학교 보건실까지는 차례가 오질 않는다. 평소 안면이 있는 학교 납품업체에 사정해 봐도 구할 수 있는 양은 전교생 인원수에 비해 턱없이 부족한 수량 뿐이다. 감염병이 터지면 방역물품 구하기가 하늘의 별 따기라는 것은 이미 2009년 신종플루와 2015년 메르스 사태를 겪어 보아 알고 있었지만, 이렇게 다시 겪으니 멘붕이 온다. 2009년, 2015년…. 그 다음은 2020년?
 왠지 모르지만 2015년 메르스 사태를 마무리하면서 문득 이 생각이 들었었다. 같은 시행착오를 또 겪지 않으리라는 다짐을 하며 가격이 안정되었을 때 체온계, 비닐장갑, 플라스틱 통 등을 미리 준비해 놨었다. 그러나 유통기한이 정해져 있어 사전에 준비해 놓을 수 없는 물품들이 있어서 결국 또 이렇게 난리를 겪고 있다. 이 난리 속에 학교 사정을 아는지 모르는지 연일 공문은 계속되고 있다.
 '학생 수와 학급수에 맞게 방역물품 확보', '방역물품 비축현황 보고'

말은 참 쉽다. 어느 학교 보건교사가 얼마나 많이 확보하는지 능력 테스트를 하고 싶은 것은 아니겠지만, 터무니없이 오른 가격에 비싼 가격을 줘도 구할 수가 없어 답답하기만 하다. 언제 끝날지 모르는 '마스크와의 전쟁'을 오늘도 여전히 치르며 생각한다.

'나는 또 5년 후를 대비해야 하나?'

학교 방역물품 비축 권장 모형

비축 목적	방역물품	우선순위	비축장소	비축물량
발열 감시	고막 체온계 또는 비접촉식 체온계		교실	교실당 1개
	고막 체온계		보건실	1개
장갑	의료용 장갑	높음	교실	교실당 5개
마스크	방역용(N95)	높음	교실	교실당 5개
			보건실	20개
	일회용		교실	20개
			보건실	학생 10명 당 3개
손소독	알코올 손 소독제	높음	교실	교실당 4개 (250ml)
			보건실	8개 (250ml)
환경 소독	락스	높음	보건실	2개(5L)
	살균 티슈		보건실	보건실 운영일 X 소독 필요 물품 수

[출처: 학생 감염병 예방·위기대응 매뉴얼]

보건샘's Talk

1. 비축 기준을 충족하지 못한 경우 동일 물품 중 우선순위가 높은 물품을 우선적으로 비축하되, 이미 우선순위가 낮은 물품을 비축 기준에 맞게 기보유한 경우에는 추가적으로 비축할 필요가 없음

2. 보건실이 없는 경우는 교육기관의 장이 자체적으로 결정한 장소에 비축하고, 관리 인력을 지정함

3. 의료용 장갑은 라텍스 또는 니트릴 장갑이 권장되며 비닐 장갑은 사용을 권하지 않음. 전파 위험이 있는 분비물(콧물, 농 등)이 나오는 학생과 접촉해야 하는 경우 사용

4. 락스는 염소 농도가 5.25~6.15%인 소독 약품을 1:500 비율로 희석한 후 용기에 담아 소독용 거즈와 함께 교실에 제공하여 교실 자체 소독에 이용

5. 살균 티슈는 이소프로필알코올이 70% 이상 함유된 제품을 권장

[출처: 학생 감염병 예방·위기대응 매뉴얼]

감염예방을 위한 방역물품 비축 및 보관

① 방역물품은 학생 수 및 학급 수 등 학교 규모를 고려하여 발열 감시, 전파 차단, 소독을 위해 상시적으로 비축해야 함
② 매년 2학기에 물품별 비축 현황을 파악한 후, 비축 기준과 대비하여 부족분을 산출하고 향후 예산에 반영, 구비할 수 있도록 노력
③ 교실 비축 물품(체온계, 수술용 마스크, 장갑, 알코올 손 소독제)은 상시 사용할 수 있도록 보건실이 아닌 교실에 보관
④ 캐비닛 등의 보관함에 별도 보관하며, 가급적 학생의 손에 닿지 않는 곳에 관리될 수 있도록 권장
⑤ 마스크, 장갑은 1회 사용 후 전용 폐기물함에 버리고 처리
⑥ 방역물품 전용 폐기물함은 보건실, 일시적 관찰실 등 사용 후 폐기가 용이한 장소에 설치
⑦ 모든 방역물품은 제품 용기에 표시된 기한까지 사용하고 이 기간이 지나면 폐기하고 재구매 및 비축

[출처: 학생 감염병 예방·위기대응 매뉴얼]

잊지 못할 2020년 여름

  54일간의 최장 장마를 기록했던 잊지 못할 2020년 여름. 그 덕분에 나는 아주 혹독한 여름을 보냈다. 코로나19로 한 학기 내내 현관에서 발열 체크를 하며 아침마다 속옷까지 땀으로 흠뻑 젖는 일은 부지기수였고, 출근해서 1시간도 채 되지 않아 녹초가 되곤 했다. 그날도 어김없이 장대비는 쏟아졌고 아침 발열 체크를 막 마무리하려던 그때, 3학년 녀석들이 우르르 몰려왔다. 나는 본능적으로 녀석들에게 '거리 유지!'를 외쳤고, 몰려온 이유를 한 명씩 물었다.

  A 군: 허리가 아파서 파스를 붙이려고 옴
  B 군: 콧물이 나와서 약을 먹으러 옴
  C 군: 밴드가 필요해서 붙이려고 옴
  D 군: 친구들을 따라옴

나의 대답은 간단 명료했다.
"D 군은 교실로!"
그러나 그 뒤에 따라온 D 군의 외침은 간단 명료하지 않았다.
"에이 씨, 이럴 거면 도대체 학교는 왜 오라는 거야!"

"교실에서는 아이들이 다닥다닥 붙어있는데, 이게 다 무슨 의미가 있냐고! 에이 씨!"

 D 군은 발로 바닥을 있는 힘껏 차며 뒤돌아 섰다. 코로나19로 지친 19세 소년의 투정이었겠지만, 땀범벅이 된 채 현관에 서서 그 독설을 받아 주기에는 나도 너무 지쳐 있었다.

 새벽 찬 바람 맞으며 추위에 오들오들 떨었던 봄. 계속된 장마와 더위로 아침마다 땀으로 젖었던 여름. 그리고 좀처럼 나아질 것 같지 않은 가을과 겨울. 누구를 향한 울분이었는지는 모르겠다. 그동안 참아왔던 눈물과 설움이 한꺼번에 복받쳐 울었던 그 날, 내 마음처럼 밖에는 그칠 줄 모르고 여전히 비가 내리고 있었다.

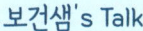
보건샘's Talk

아이들의 뇌는 대뇌피질 중에서도 논리와 공간지각에 관여하는 두정엽과 언어와 관련이 있는 측두엽이 두드러지게 두꺼워진다. 특히 사전에 계획을 세우고 충동을 억제하는 전두엽의 경우 계속해서 회백질이 두꺼워져서 여자아이의 경우 11살, 남아의 경우 12살 내외인 사춘기 때 정점을 이룬다. 아이들이 성인처럼 충동을 통제하지 못하는 것은 전전두엽 피질이 지속해서 두꺼워지는 중이기 때문이다. 특히 배외측전 전두엽 피질이 두꺼워지는 과정이어서 아이들은 충동을 억제하지 못하고 작업 기억도 잘 작동하지 않는다.

훈육에서 남녀의 반응 차이가 있는데, 공격적인 행동을 유발하는 편도체는 여자아이보다 남자아이가 크기 때문이다. 남자아이의 편도체는 전전두엽으로 통제되기가 쉽지 않다. 반면 여자아이는 전두엽의 안와전두피질이 안정과 고요를 활성화해 편도체의 충동을 조절할 수 있다. 이런 이유로 남자아이는 여자아이보다 충동적으로 공격성을 보이는 일이 잦다. 지금 당장 문제에 집중하는 경향이 있는 남자아이는 앞으로의 일이나 닥쳐올 비극에 대한 예측 능력이 부족하다. 지금 하는 행동이 어떤 결과를 몰고 올지 설명해 주고, 무슨 말인지 이해할 수 있다는 표정을 짓더라도 반복적으로 이야기해 주는 것이 감정을 통제하고 조절하는 능력을 키우는 데 도움이 된다. 분노 폭발 후 이후 어떤 결과가 초래될지 예측하는 연습을 하자.

[출처: http://babytree.hani.co.kr, 김영훈 가톨릭대 의정부성모병원]

생활 속 거리두기 실천을 위한 학교 운영(예시)

- 책상을 매일 수시로 닦기
- 학교 일과시간 중에는 마스크 상시 착용

  ※ 마스크 착용 중 이상반응(호흡곤란, 어지러움, 두통 등)이 발생할 경우 마스크를 벗고 증상이 완화되면 마스크를 다시 착용하되, 이상 반응이 지속될 경우에는 보호자에게 연락 후 귀가 조처하고 관련 분야 의사와 상의하여 적절한 치료법을 찾도록 안내

  ※ 교사는 수업 중 학생과의 충분한 거리를 확보하며, 학교 실정에 따라 가림막 또는 개인별 투명 안면 보호구 등 사용 가능

- 학생 간 최대한 거리를 확보할 수 있도록 책상 배치
- 학생 간 접촉을 최소화할 수 있도록 수업 시간 및 쉬는 시간 조정

  ※ 초등학교는 일괄 쉬는 시간 지양하고 학급 단위로 자율적으로 조정

- 등·하교 또는 출·퇴근 시간, 휴식 시간, 점심시간 교차 실시
- 비말 또는 접촉감염이 발생할 수 있는 학습활동 제한
- 식사 시 일정 거리를 두고 식사하기
- 실내 휴게실, 다기능 활동 공간 등 다중 이용 공간 일시 이용 제한
- 집단 행사, 소규모 모임, 출장 등 연기 또는 취소
- 학생들이 공동으로 사용하는 수업자료를 이용하는 교육 활동 자제

[출처: 유·초·중등 및 특수학교 코로나19 감염예방 관리 매뉴얼, 교육부]

법정 감염병 vs 비법정 감염병

초임 담임선생님이 울먹이며 나를 찾아왔다. 유행성 각결막염(눈병)에 대해 학부모에게 설명하는 중 대화가 잘 되질 않은 모양이었다. 형제가 함께 감염되었고 중학생인 동생의 학교에서는 출석을 인정해 주는데, 우리 학교는 왜 해주지 않는 거냐며 학생을 등교시킬 수 없다는 학부모의 전화였다. 유행성 각결막염은 법정 감염병과는 다르게 개인 위생관리에 주의하면 충분히 전파되지 않는 질병으로, 학교장이 인정하거나 허가할 수 있는 비법정 감염병에 속한다. 이 말은 학교장의 재량이라는 뜻이다.

유행성 각결막염이 전국적으로 유행했던 몇 해 전의 일이다. 학교를 쉬고 싶은 아이들이 500원을 주고 서로 감염시켜주는 웃픈 일이 학교에서 유행처럼 퍼져 큰 문제가 됐었다. 그해 점점 확산하는 유행성 각결막염 환자를 줄이기 위해서 많은 학교에서는 출석을 인정해 주었다. 그런데도 감염된 학생들이 줄지 않는데, 원인은 학교만 쉬었던 것이다. 감염은 학원에서 계속 일어나고 있었다. 그 후 많은 학교에서는 등교중지보다는 개인위생과 예방 교육을 학교에서 실시하며 전파 경로를 차단하는 방법을 선택했다. 특히 인지력을 가지고 있는 고등학생들에게는 충분히 가능한 일이라는 것이 학교의 생각이다. 왜냐하면 눈앞에 보이는 휴식보다 감염 후 충혈된 눈의 통증이 얼마나 아픈지 알 수 있는 나이기 때문이다. 학기 초 가정에 발송되는 '법정 감염병'에 관한 안내문을 관심을 갖고 봐주시길 바라며, 후배 교사의 눈물을 닦아 주련다.

보건샘's Talk

감염병에는 법정 감염병 이외에도 비법정 감염병이 있습니다. 비법정 감염에는 유행성 각결막염, 옴, 무균성 뇌수막염, 수족구 등이 해당하며 교내에 감염병이 확산하지 않도록 비법정 감염병은 학교에서 내규를 정하여 등교중지 여부를 정하면 됩니다. (학교장 재량)

등교 중지 관련 법령

- 학교보건법 제8조(등교중지) 학교의 장은 제7조에 따른 건강검사의 결과나 의사의 진단 결과 감염병에 감염되었거나 감염된 것으로 의심되거나 감염될 우려가 있는 학생 및 교직원에 대하여 대통령령으로 정하는 바에 따라 등교를 중지시킬 수 있다.
- 학교보건법시행령 제22조(등교 등의 중지) ① 학교의 장은 법 제8조에 따라 학생과 교직원 중 다음 각호의 어느 하나에 해당하는 사람에 대하여 등교중지를 명할 수 있다.

1. 「감염병의 예방 및 관리에 관한 법률」 제2조에 따른 감염병 환자, 감염병의사환자 및 감염병 병원체보유자. 다만, 의사가 다른 사람에게 감염될 우려가 없다고 진단한 사람은 제외한다.
2. 제1호 외의 환자로서 의사가 감염성이 강한 질환에 감염되었다고 진단한 자

② 학교의 장이 제1항에 따라 등교중지를 명할 때에는 그 사유와 기간을 구체적으로 밝혀야 한다. 다만, 질환 증세 또는 질병 유행의 양상에 따라 필요한 경우에는 그 기간을 단축하거나 연장할 수 있다.

세균성 뇌수막염 & 무균성 뇌수막염

개학과 동시에 보건실을 찾은 G 군. 2주간의 여름방학을 고스란히 뇌수막염으로 병원에서 보내고 등교했지만, 여전한 두통과 어지러움으로 보건실을 찾았다. 굳이 말을 하지 않아도 얼굴에 이미 나타난 G 군의 몸 상태는 바로 병원 진료를 해야 하는 것으로 판단이 되었다. 보호자와 연락 후 G 군은 바로 병원 치료를 받았고, 일주일이 지난 오늘 건강한 모습으로 다시 등교했다. 그리고 내게 진단서를 내밀었다.

> 세균성 수막염으로 본원에 입원하였습니다. 원인균은 확인이 되지 않았으나 뇌척수액검사 소견 등으로 의심됩니다. 수막구균은 아닌 것으로 보입니다. 이후 외래 진료하였습니다. 현재 완치된 상태로 등교 가능합니다.

다른 질환과 다르게 내용이 모호하고 생소한 표현이 군데군데 눈에 띄었다. 진단서 내용에 따라 생활기록부의 출결 사항이 결정되기 때문에 이 생소한 진단서를 읽고 또 읽었다. 그리고 나서야 해석이 되었다.

"제2군 법정감염병에 해당하는 수막구균성 뇌수막염은 아니다. 하지만 이를 의심하여 검사 및 치료하였다."

즉, 학교보건법 제8조에 의거하여 G 군은 출석 인정으로 처리 대상이다.

학교보건법 제8조(등교중지)

학교의 장은 제7조에 따른 건강검사의 결과나 의사의 진단 결과 감염병에 감염되었거나 감염된 것으로 의심되거나 감염될 우려가 있는 학생 및 교직원에 대하여 대통령령으로 정하는 바에 따라 등교를 중지시킬 수 있다

수많은 감염병, 그리고 새로 생기는 신종 감염병까지 늘 업데이트 해야 함을 느끼며 감염병 매뉴얼을 다시 펼쳐본다.

보건샘's Talk

수막구균 감염증(세균성 뇌수막염)은 제2군 법정감염병으로 등교중지 대상이지만, 무균성 뇌수막염은 비법정 감염병에 해당하기 때문에 등교중지 여부를 결정할 때에는 의사 소견서(진료확인서)에 기재된 내용을 확인해야 합니다. 단, 무균성 뇌수막염을 학교장 재량으로 등교중지를 명할 때에는 출석 인정이 가능합니다.

뇌수막염의 종류 및 특성

■ 세균성 뇌수막염

세균에 의해서 뇌수막염이 발생한 경우로 대표적으로 폐구균, 뇌수막염균, 수막구균에 의해서 발병되며 조기에 진단 및 치료가 되지 않는 경우 빠른 시간 내로 상태가 악화하여 치명적인 결과를 초래한다. 다행히 최근 필수 예방접종으로 면역력을 가지고 있어 이 균에 의한 뇌수막염은 보기 드물다. 즉, 치명적인 질환이지만 최근에는 신생아기 이후의 아이들에서는 거의 발생하고 있지 않은 질환이다.

■ 무균성 뇌수막염

뇌척수액에 염증 반응이 있는데 뇌척수액을 배양해도 세균이 자라지 않는 경우를 의미한다. 따라서 무균성 뇌수막염의 대부분은 바이러스성 뇌수막염이다. 그래서 일반적으로는 무균성 뇌수막염은 바이러스성 뇌수막염을 의미한다.

너도 아프니? 나도 아프다!

환절기에는 아침부터 쉴 틈 없이 보건실이 아이들로 북적인다. 체온 측정을 하고, 약을 먹이고, 침대에 요양시키고, 필요에 따라 담임이나 교과 선생님 또는 집으로 연락한다. 학부모 사정이 안 될 때는 상태가 심한 학생을 데리고 병원 진료까지 다녀온다. 그러고 나면 약속이라도 한 것처럼 학년별로 고루 고루 녀석들이 몰려와 3개의 보건실 침대는 풀 베드(full bed)가 되고 만다. 이렇게 오늘도 증상 확인하고, 처치하고, 주의사항을 돌림 노래하듯 똑같은 말을 하루 종일 하고, 또 하고 있다. 그러다 어느 순간 나도 아프고 싶어진다.

"보건 선생님도 아파요?"
"보건교사가 아프면 어떡해?"
 내가 아플 때 수없이 이 말을 학교에서 듣게 된다. 건강에 대해 잘 아는 사람도 아프냐, 건강을 책임지는 사람이 아프면 어떡하냐, 대충 이런 뜻인 것 같다. 왠지 보건교사는 아파 보여도 안 되고, 아파서도 안 된다는 생각을 하는 그들에게 말하고 싶다.
"너도 아프니? 나도 아프다!"

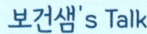

보건샘's Talk

환절기가 시작되면 출근도 하기도 전에 아이들이 보건실 문 앞에서 저를 기다리고 있습니다. 우리 학교는 전국에서 학생 선발을 하고 있어 아이들이 기숙사 생활을 합니다. 기숙사에 전담 사감 선생님이 계셔도, 아이들은 등교해서 보건실로 오는 경우가 많습니다.

기숙사는 단체생활을 하는 곳이라 집단 감염의 우려가 커 특별히 주의하고 있어, 타 지역에 있는 부모님이 올 때까지 기다리게 하지 않고 일단 아이들을 데리고 병원에 다녀옵니다. 그리고 부모님이 오시기 전까지 기숙사의 별도의 공간에 있도록 하고, 때에 따라 부모님이 늦으실 때는 같은 반 친구들의 도움을 받아 급식을 배달해 주기도 합니다.

'굳이 이렇게까지?'라고 생각하지 않는 것은 이미 유행성 이하선염(볼거리)으로 몇 해 전 한바탕 난리를 겪어봤기 때문입니다. 한 명의 발생으로도 걷잡을 수 없는 집단감염이 일어날 수 있는 감염병. 과잉 대처만이 답인 것 같습니다.

인플루엔자로 인한 등교중지 기간

1. 2022-2023절기 인플루엔자 관리지침(질병관리청)

인플루엔자로 인한 등교, 등원, 출근 중지 기간은 '해열제 없이 정상체온 회복 후 24시간이 경과 할 때까지'입니다.

- 단, 해열제를 투약한 경우, 마지막 해열제 투약 시점부터 48시간이 경과 해야 함.
- 중증의 증상을 보이거나 면역저하자 등의 경우는 의사의 판단에 따라 등교, 등원, 출근 제한 기간이 달라질 수 있습니다.

2. 학생 감염병 예방 위기대응 매뉴얼(교육부)

감염 가능 기간	증상 발생 1일전 부터 5일까지
전파 차단을 위한 등교중지(격리) 기간	유행 차단을 위한 등교중지는 의미 없지만, 환자 상태에 따라 실시
잠복기	1~4일 (평균2일)
밀접촉자 파악	X
일시적 격리	O
마스크 착용	O

미세먼지와 함께 시작하는 새 학기

 연일 계속되는 미세먼지로 온통 하늘은 잿빛이다. 덩달아 미세먼지 공문도 매일 쉴 틈 없이 쏟아지고, 어김없이 오늘도 미세먼지 업무로 하루를 시작한다. 실외 수업을 자제하고 마스크 착용하라는 문자와 가정통신문 발송. 매일 아침 일상이 되어버린 이 일을 하다 보면 왠지 기상캐스터가 된 듯한 기분이다. 이번에는 마스크 달라고 오는 녀석들이 몰아친다. 일회용 마스크를 전교생에게 일주일간 나눠주면?
'전교생 x 5일'
 아무리 계산기를 눌러봐도 감당 안 되는 수량이다. 마스크는 개별적으로 준비해야 함을 이해시켜 보지만, 녀석들은 쉽게 물러서지 않는다.

"오늘 하루만 주세요."
"저만 주면 안 되나요?"
 마스크는 몸이 안 좋은 친구를 위해 양보해 주는 것으로 강제(?) 마무리를 해보지만, 이 일이 언제까지 계속될지 오늘 하늘만큼이나 앞이 보이질 않는다. 내일은 미세먼지 공문 대신 시원한 비나 한바탕 쏟아졌으면 좋겠다.

보건샘's Talk

마스크 구매 및 비축 시 고려 사항

- 각급 학교에서는 수술용 또는 방역용 마스크를 구매·비축해야 함
- 방역용 마스크는 외부 포장에 '의약외품'과 'KF94'라는 문자가, 수술용 마스크는 '의약외품' 문자를 확인하여 구매해야 함. 단, '의약외품' 문자가 표기되지 않은 일반용 마스크는 권장하지 않음
- 수술용 마스크는 교사와 학생이 쉽게 착용할 수 있도록, 귀에 걸어서 착용하는 제품으로 구매해야 함
- 4-12세 소아는 소형 마스크(방역용 마스크만 해당)를 사용해야 병원체 차단 효과가 있기 때문에 초등학교는 비축량의 최소 1/2 이상은 소형 비축을 권장함
- 식품의약품안전처의 방역용 마스크 허가 현황을 확인하여 구매함

[출처: 학생 감염병 예방·위기대응 매뉴얼]

감염병으로 인한 등교중지 기본 원칙

1. 등교 중지가 필요한 감염병으로 확진된 경우 격리 기간 동안 등교 중지를 실시함 (이때 격리 기간은 원칙적으로 의사의 소견을 따른다.)
2. 등교 중지가 필요한 감염병이 의심되는 경우 확진 여부를 확인할 때까지 등교중지를 실시함
3. 등교 중지가 필요 없는 감염병의 확진 또는 의심인 경우 학교에 복귀함
4. 정상이거나 비감염성 질환인 경우 학교에 복귀함
5. 등교중지 학생이 감염병으로 확인 경우는 관련 법령에 따라 출석으로 처리하고, 진료 결과 감염병이 아니었다 해도 결과 확인까지의 기간은 출석으로 인정함

[출처: 학생 감염병 예방·위기대응 매뉴얼 제2차 개정판]

PART 4

즐겁고 건강한 보건수업 만들기

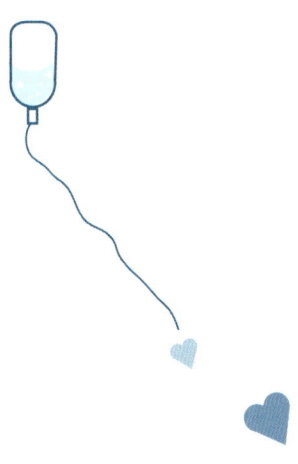

보건은 시험 과목이 아니잖아요!!

맨 앞자리에 앉은 K는 수업 시간마다 자거나 떠들며 수업을 방해하기 일쑤여서 눈에 거슬리는 학생이다. 그런 K가 오늘은 수업자료로 나눠준 유인물을 꼬깃꼬깃 접기 시작했다. 내 눈앞에서 그렇게 한참을 접더니 마침내 종이비행기를 완성해 교실 천장을 향해 날리기 시작했다.

'고등학교 교실에서 이런 일이?'

너무 어처구니가 없어 말이 안 나왔지만 일단 이유를 물었다. K의 대답은 간단명료했다.

"보건은 시험 과목이 아니잖아요."

"성적에도 안 들어가잖아요."

일단 불량한 태도로 덤비듯이 말하는 K의 행동과 수업 태도에 대해 나무랐지만, 사실 K의 말은 다 맞는 말이다.

고등학교에서 시험 과목도 아니고 생활기록부에도 들어가지 않는 과목은 과목으로 쳐주지 않는다. 그리고 그 과목의 교사 역시 교사로 쳐주지 않는다. 씁쓸하지만 현실이다. 그리고 그 마음이 이해되니 더 슬프다.

입시와 취업에 쫓기는 대한민국에서 학생으로 살아남기 위해서 선택적 집중을 해야 하는 현실이 말이다. 선택적 집중을 하는 아이들과 내가 공생할 방법은 뭘까? 학생과 교사 모두를 만족시킬 방법은? 나는 이 어려운 숙제를 풀어야 한다.

보건샘's Talk

초임 시절, 보건 수업 시간에 잡지 책을 보던 학생을 야단친 적이 있었습니다. 몇 차례 지적해 보았지만 끝까지 반항하는 그 학생을 이해할 수가 없어, 결국 나머지 아이들에게 물어보게 됐습니다.

"수업 시간에 잡지를 보는 것이 정당한가요?"

제 생각에 동의해 달라는 일명 SOS 신호였지만, 녀석들은 응답해 주지 않았습니다.

"그럴 수도 있죠."

남자들의 의리(?)는 끝내줍니다. 그리고 여럿이 힘을 합하면 어마 무시해집니다. 제가 그걸 몰랐던 거죠.

똘똘 뭉쳐 공격하는 녀석들에게 밀려 궁지에 몰려 봤던 저는, 그 후로 교실에서 야단을 치지 않습니다. 대신 교실 밖에서 정정당당하게 1:1로 합니다.

2015 개정교육과정

2. 초등학교

나. 교육과정 편성 운영 기준

(10) 정보통신활용 교육, 보건교육, 한자 교육 등은 관련교과(군)와 창의적 체험활동 시간을 활용하여 체계적인 지도가 이루어질 수 있도록 한다.

3. 중학교

나. 편제와 시간 배당 기준

(1) 편제

가) 중학교 교육과정은 교과(군)와 창의적 체험활동으로 편성한다.

나) 교과(군)은 국어, 사회(역사 포함)/도덕, 수학, 과학/기술·가정/정보, 체육, 예술(음악/미술), 영어, 선택으로 한다.

다) 선택교과는 한문, 환경, 생활 외국어(독일어, 프랑스어, 스페인어, 중국어, 일본어, 러시아어, 아랍어, 베트남어), 보건, 진로와 직업 등의 과목으로 한다.

4. 고등학교

가. 편제와 단위 배당 기준

(1) 편제

가) 고등학교 교육과정은 교과(군)와 창의적 체험활동으로 편성한다.

나) 교과는 보통 교과와 전문 교과로 한다.

ㄱ. 보통교과

   ㉮ 보통교과의 영역은 기초,탐구, 체육·예술, 생활·교양으로 구성하며, 교과(군)는 국어, 수학, 연어, 한국사, 사회(역사/도덕 포함), 과학, 체육, 예술, 기술·가정, 제2외국어, 한문, 교양으로 한다.

   ㉯ 보통 교과는 공통 과목과 선택과목으로 구분한다. 공통과목은 국어, 수학, 영어, 한국사, 통합사회, 통합과학(과학탐구실험 포함)으로 하며, 선택과목은 일반 선택과목과 진로 선택과목으로 구분한다.

ㄴ. 전문교과

   ㉮ 전문교과는 전문 교과 Ⅰ과 전문 교과 Ⅱ로 구분한다.

   ㉯ 전문 교과 Ⅰ은 과학, 체육, 예술, 외국어, 국제 계열에 관한 과목으로 한다.

   ㉰ 전문 교과 Ⅱ는 국가직무능력 표준에 따라 경영·금융, 보건·복지, 디자인·문화콘텐츠, 미용·관광·레저, 음식조리, 건설, 기계, 재료, 화학 공업, 섬유·의류, 전기·전자, 정보·통신, 식품가공, 인쇄·출판·공예, 환경·안전, 농림·수산해양, 선박 운항 등에 관한 과목으로 한다. 전문 교과 Ⅱ의 과목은 전문 공통 과목, 기초 과목, 실무 과목으로 구분한다.

우리나라는 2008년 보건 과목 교육과정이 신설되었으며, 학교보건법 제9조 2항을 기반으로 초·중·고 모든 학생에게 보건교육을 실시하도록 법적 근거를 마련하였다. 동법 15조 2항은 보건교사가 보건교육을 실시하도록 명시하였고, 2008.9.11.에 교육부 고시 제2008-148호를 통해 체계적인 학교 보건교육을 실시하도록 국가수준의 보건교육과정을 발표하였다.

이에 따라 2009년에는 한시적으로 초·중·고등학교에서 재량활동 시간을 활용하여 17차시 이상의 보건교육을 실시하였고, 2010년부터 초등학교는 재량활동 시간에, 중·고등학교는 선택과목으로 보건과목 교육과정을 운영하도록 하였다.

2016년에는 2015 개정 교육과정(교육부 고시 제2015-74호) 고시에 의해 중학교는 선택과목, 고등학교는 교양과목으로 운영되도록 하였고 2018년부터 중학교 1학년과 고등학교 1학년에 각각 적용되었다.

[출처: 2023 한눈에 보는 보건 업무 길라잡이, 서울시 교육청]

학생은 5G, 선생님은 2G

　퇴근 후 어린이집으로 아이를 찾으러 가야 하는 엄마의 퇴근 시간은 늘 허겁지겁이다. 오늘도 정신없이 가방을 챙기며 막 퇴근하려는 참에 나를 붙잡은 J 군.
　"선생님, 딱 10분만 시간 내주세요."
　예사롭지 않은 표정에 가방을 내려놓았다. J 군의 사연은 주말에 여자친구와 넘어서는 안 될 선을 넘어보려 한다고 했다. 물론 여자친구와 합의는 됐다고 한다. 이미 날짜와 시간 모두 정했는데 굳이 왜 나를 찾아온 건지 궁금해하는 나의 질문에 녀석은 대답했다.
　"그래도 마지막으로 선생님의 의견을 여쭙고 싶어서요."
　나의 대답은 간단했다.
　"너는 어떻게 하고 싶은데?"
　녀석의 대답 역시 간단했다.
　"저는 하고 싶어요."
　"그럼, 그날 이후 엄마와 아빠 얼굴을 평소처럼 볼 수는 있겠어?"
　명쾌하게 대답했던 조금 전과는 다르게 녀석은 한참을 머뭇거렸다.
　"음…. 그건 좀 안 될 것 같아요."
　나의 짧은 질문으로 본인이 스스로 답을 찾아가는 녀석을 바라보고 있으니 열정만 가지고 열심히 수업했던 나의 초임 교사 시절이 떠오른다. 성교육 시간에 녀석들의 표정은 지루하고, 싱겁고, 졸리고, 그야말로 '꽝!' 이었다. 수업을 마치고 교실을 나올 때면 뒤통수가 따가워 쥐구멍에 숨고 싶은 날이 여러 번이었고, 성교육 설문 결과지를 보고 나서야 나는 그 이유를 깨닫게 되었다.

"학생은 5G, 선생님은 2G!"

그리고 바로 오늘 J군과 마주 앉아 이야기를 나눌 수 있는 것은 금지와 절제가 아닌 스스로 결정하는 힘을 길러주는 교육으로 수업을 변화시켰기 때문이다. 호기심이 가득한 녀석들 곁에 언제나 내가 함께할 수 있길 바란다.

보건샘's Talk

　계속된 성교육 시행착오를 겪으며 답답한 마음에 1학년 전체 설문조사를 실시한 적이 있습니다. 설문 내용은 임의로 만들어 사용하였고, 설문 마지막 문항에는 성교육 시간에 배우고 싶은 내용을 자유롭게 쓰도록 하였습니다. 그리고 결과를 받아본 순간 아이들의 수준을 과소평가했다는 사실을 깨달았습니다.

　'아마 이 정도일 거야'라고 생각한 저를 비웃기라도 하듯, 아이들은 제가 생각하는 것보다 엄청 많이 성에 대해 알고 있었습니다. 물론 잘못된 성 지식을 가지고 있는 녀석들도 있긴 했지만, 아이들의 눈높이에 맞지 않은 수업이 실패의 원인이라는 것을 확인할 수 있었습니다. 곧바로 저는 수업계획을 전면 수정했고, 수업 전 학습자 실태조사를 꼭 하고 있습니다.

학교 성교육 기본 방침

1. 성교육 기본계획 수립·추진

- 학교교육과정 편성·운영지침 및 학교교육계획에 반드시 학교 성교육 시수 15시간 이상(성폭력 예방 교육 3시간 포함), 내용, 방법 등 구체적인 사항 명시
- 학교 내 성교육 담당교사를 지정하고 관련 교과(보건, 기술·가정, 과학, 체육, 도덕, 사회 등) 교사로 구성된 학교 내 성교육 운영 협의체 조직 및 운영

2. 성교육 집중이수 학년 지정 및 최소 5차시 운영 권장

- 형식적 15차시 관련 교과 통합 성교육 운영의 실효성 문제가 제기되어 집중이수 학년 지정 및 최소 수업 차시의 구체적 명시 필요
- 대상: 초등 5학년 또는 6학년, 중·고등학교 1개 학년 이상 보건교과, 자유학년제, 창의적 체험활동 시간 활용

3. 인성 및 인권 존중 교육에 바탕을 둔 교과통합 성교육 실시

- 관련 교과, 창의적 체험활동 등 모든 학교 교육 활동을 통한 인성 및 인권 존중 교육에 바탕을 둔 교과통합 성교육 실시
- 인간 발달, 인간관계, 대처기술, 성 건강, 성행동, 사회와 문화 등 성교육의 전 영역을 양성평등, 생명 존중, 인권 존중에 바탕을 두고 성인적 관점에서 실시

4. 시대 변화 흐름과 요구를 반영한 실질적인 성교육 실시

- 신체 구조와 생리적 현상에 관한 지식 위주의 교육을 지양하고 아동·청소년 발달 주기에 맞는 실질적인 정보제공으로 학생의 가치관 변화를 이끌어낼 수 있는 전인적인 교육 관점으로 접근
- 디지털 성폭력, 불법 촬영, 온라인 그루밍 등 신종 성범죄 예방을 위한 성희롱·성폭력 예방 교육 강화
- 성 사안 2차 피해 예방 등 법률적 내용과 가·피해 내용을 포함하여 성 문제에 대한 경각심 고취
- 프로젝트 학습, 토의·토론 수업, 하부르타, 예술작품 활용, 협력 수업 등 다양한 수업방법을 활용한 학생 참여 중심 성교육 운영

[출처: 2023 한눈에 보는 보건 업무 길라잡이, 서울시 교육청]

성 고충 상담실

계속되는 성 문제가 사회적으로 이슈가 되면서 학교 성교육도 강화되었다. 그리고 보건실 표지판 아래 새로운 표지판이 생겼다.

'성 고충 상담실'

정식 창구를 통해 사건(직장 내 성희롱, 성폭력 등)을 접수하고 표준화된 절차를 통해 풀어가는 소통의 창구가 학교 안에 있다는 것을 알려주는 표지판! 하지만 '글자 그대로 해석할 수도 있겠구나'를 알려준 혁이….

쉬는 시간에 다른 친구들이 모두 보건실을 빠져나갈 때까지 쭈뼛거리며 기다리는 혁이의 모습에 뭔가 할 말이 있다는 걸 눈치챘다. 이내 조용해진 보건실에서 혁이가 꺼내 놓은 얘기는 '성 고충 상담실 표지판'을 보고 왔는데, 성 문제에 대한 고충을 여기에서 상담하는 것이 맞냐고 물었다. 순간 웃음이 나왔지만 꾹 참았다.

혁이는 매우 소심하고 내성적인 아이여서 얼마나 오래 생각하고 큰 용기를 내서 이곳에 왔는지 말하지 않아도 짐작할 수 있었기 때문이다. 혁이의 고민은 최근에 음란 동영상을 처음 접하게 되었는데 그 뒤로 시도 때도 없이 생각나고, 수업 시간에도 발기가 되어 힘들다는 것이다.

초등 때부터 음란물에 접하는 요즘 같은 세상에 고3 때 처음 음란물에 입문한 혁이. 참으로 혼란스럽고 어찌 빠져들지 않을 수가 있겠는가. 30분가량 얘기를 나눈 후, 편안한 마음으로 교실로 돌아가는 뒷모습을 보며 혁이의 건강한 몸과 마음을 응원해 본다.

 보건샘's Talk

　학교 축제에 운영할 부스를 고민하던 중, 학생부 선생님의 제안으로 '성 고민 상담' 부스를 운영한 적이 있습니다. 아이들의 익명성을 보장하고, 많은 참여를 위해 외부 강사를 초빙하였습니다. (우리 학교는 남학교여서 남자 강사를 섭외했습니다.)

　그리고 부스의 위치를 최대한 중앙보다는 한적한 곳으로 배치하고, 저도 일절 관여하지 않았습니다. 부스로 들어가서 꽤 오랜 시간을 보내고 나오는 아이들을 먼발치에서 바라보며, 아이들이 편하게 말할 수 있는 곳이 많이 생겼으면 하는 바람을 가져보았습니다.

성 고충 사안 방지 조치

1. 성 고충 상담창구를 1개소 이상 지정·운영하며 내외적으로 홍보

- 성희롱 예방을 위한 업무처리와 학생 및 소속 직원의 성 고충에 대한 상담·처리를 위하여 고충 상담창구를 지정·운영
- 성 고충 상담창구는 기관 내 독립적인 기구로 운영하거나 부서 내 설치할 경우 성 고충 상담창구임을 표기할 수 있도록 함
- 고충 접수 처리대장 및 성희롱 고충상담 신청서를 작성, 비치하여야 함

성 고충 사안이란?
학교 내 구성원 사이에서 발생하는 성희롱, 성매매, 성폭력 등 상대방의 성적자기결정권을 침해하는 모든 성적 행위를 말한다.

[출처: 한눈에 보는 학교 성고충상담관리 매뉴얼, 서울시 교육청]

새내기의 눈물

3월은 한 해의 시작처럼 느껴지는 달이다. 새 학년, 새 학기, 새로운 학생들…. 그래서인지 3월은 설렘도 있지만 긴장감이 가득한 달이기도 하다. 새로운 환경에 적응해야 하는 학생들에게는 더더욱 만만치 않은 3월! '3월만 지나면 1학기가 금방 간다'라는 말처럼, 3월은 선생님도 학생도 모두 힘이 든다.

학교에 적응하기도 너무 이른 입학식 다음 날이었다. 보건실 문을 슬그머니 열고 들어온 새내기는 금방이라도 울음을 터트릴 것 같은 얼굴이었다.
"무슨 일 있어?"
단순한 이 한마디에 새내기는 예상대로 펑펑 울었다. 어깨까지 들썩이며 우는 녀석의 어깨를 토닥여주었다. 입학한 지 얼마 안 된 새내기에게 무슨 일일까. 학교폭력? 몸이 많이 아픈가? 선생님께 야단맞았나? 집에 무슨 사정이 생겼나? 오만가지 생각이 다 들었다.

한참을 시원하게 울고 난 뒤 새내기는 입을 열기 시작했다.
"기숙사가 너무 힘들어요."

"집에 가고 싶구나. 엄마도 보고 싶고."

덩달아 마음이 찡해진 나는 그 마음이 충분히 공감되어 안쓰러웠다.

"여자친구가 너무 보고 싶어요. 그런데 기숙사에 있어서 외출을 할 수가 없어서 힘들어요."

예상치 못한 새내기의 답변에 나는 웃지 않을 수가 없었다. 귀엽기도 하고 내가 심히 걱정했던 그런 큰 문제가 다행히 아니어서 말이다.

첫사랑이 한참 진행 중인 새내기! 여자친구가 계속 생각나고 보고 싶다고 한다. 1시간 동안 나와 많은 이야기를 나누고 조금 안정된 모습으로 돌아가는 새내기의 뒷모습을 보며 혼자 중얼거렸다.

'녀석. 이제 엄마보다 여자친구가 더 좋은 나이가 됐네….'

보건샘's Talk

사춘기 마음의 변화

1. 뇌 발달과 감정 변화

사춘기는 뇌 구조가 재편되는 시기다. 아직 뇌 연결망(Synapse)이 완성되지 않아 감정 조절 능력이 부족하다. 성장호르몬은 부모를 떠나서 스스로 독립하고자 하는 감정을 촉진하기 때문에 부모나 선생님을 멀리하고 동료라고 생각하는 친구들과 어울린다.

2. 순간적인 일탈과 중독의 위험성

사춘기에는 감정 조절 능력이 부족해 순간적인 일탈을 하기 쉬우며, 뇌의 조절 능력이 약해서 음란 비디오나 담배 등의 중독에 빠지기 쉽다. 중독은 뇌의 회로를 구조화시켜 성인이 되어도 고치기 쉽지 않으므로 지속적인 관심을 갖고 예방하는 것이 중요하다.

[자료출처: 푸른아우성]

이성 교제 시작한 아이, 어떻게 봐야 할까?

사춘기 시기의 이성 교제는 서로 이해해 주고 맞춰가는 사랑의 상호성을 배울 수 있는 큰 장점이 있다. 이성 친구와 안정적인 관계를 유지하고 발전시켜나간다면 가족에 대한 태도가 성숙해지는 효과까지도 있다고 한다. 걱정이 앞서 부정적인 시선으로 바라보기보다, 이성 교제의 순기능을 강화하고 역기능을 학습시켜야 하는 것이 중요하다는 설명이다.

자녀가 이성 교제를 시작했다면 따뜻한 관심을 가지고 지켜봐 주는 것이 중요하다. 반항심을 자극하는 말보다는 "어떻게 만나게 되었니?", "어떤 부분이 마음에 드니?" 등과 같은 관심 대화법을 사용해 자연스럽게 대화를 이끌어가는 것이 바람직하다. 이성 교제에 관해 부모와 대화하는 것은 좋지만 반면 성적인 접촉에는 반드시 준비와 책임이 따른다는 교육도 함께 해야 한다. 성적 호기심과 충동 조절이 쉽지 않은 일부 청소년들의 경우 인터넷을 통한 음란 동영상, 사진, 소설 등 유해 매체에서 접하는 왜곡된 성 지식을 토대로 아무런 준비와 책임 없이 행동으로 옮길 수 있어 주의가 필요하다.

[출처 : 스타데일리뉴스(http://www.stardailynews.co.kr), 아동심리상담사 양소영]

남학생들에게 여성가족부란?

조용했던 교실이 갑자기 소란스러워졌다.
"우~~우~~ 역시 여성가족부에서 만든 자료였네."
수업 동영상을 본 녀석들의 반응이다. 그렇다. 남학생들이 제일 싫어하는 기관이 여성가족부다. 한 번은 외부 강사 초빙 성교육을 마친 후 곧바로 한 3학년 녀석이 나를 찾아왔다.

"선생님! 방금 오신 강사분은 어디에서 오신 분이세요?"
학교에 근무하면서 처음 받아 본 질문이었다. 게다가 평소에 내성적인 성격으로 잘 나서는 녀석도 아니었기 때문에 당황스러웠다.
"방금 교육하신 선생님께서 오히려 저희를 성폭력 했어요. 너무 기분이 나빠요."
이건 또 무슨 소리인가? 놀라운 마음에 녀석의 얘기를 들어보니, 수업하는 내내 강사는 녀석들을 잠재적인 성폭력자로 바라보며 수업을 했다는 것이다. 남자는 가해자, 여자는 피해자라는 논리로 말이다.
전달자의 의도가 전달받는 자에게 충분한 공감을 얻지 못한 상황이 벌어졌음을 눈치챘다. 일단은 녀석들의 속상한 마음을 다독여 주었다.

'얼마나 속상했으면 교육 만족도 설문지를 작성하기도 전에 달려왔을까?'

생각하지 못한 반응이었지만 나는 흐뭇했다. 교육 후 무반응보다는 이렇게 속상한 마음이라도 반응을 한다는 것이 기특해서 말이다.

학교에서 하는 교육을 아무 생각 없이 듣지 않고 교육 내용 중 무엇이 옳고 그른지 생각하고 판단하는 녀석들. 앞으로도 이렇게 계속 달려와 줬으면 좋겠다.

보건샘's Talk

　폭력 예방 교육 매뉴얼에는 성교육 실시 후 '교육 만족도 조사'를 권고하고 있습니다. 이 결과는 강사와 교육 내용의 사후 모니터링에 증빙서류로 활용됩니다. 저는 외부강사 교육이 끝나면 무작위로 학급을 선정하여 실시하고 있습니다.

　강의 계획서를 사전에 받기는 하지만 10명의 외부 강사의 강의 현장에 직접 가서 볼 수 없기 때문에 만족도 조사를 꼭 합니다. 조사 결과는 다음 해 강사 섭외와 공통으로 나온 건의 사항을 파악하기 위한 참고 자료로 사용합니다. 예를 들어 "남자 강사로 섭외해 주세요!"라는 답변이 많이 나왔던 적이 있었습니다. 남자 성교육 강사가 많지 않아 섭외가 힘들었지만, 최대한 남자 강사가 많은 기관을 수소문하여 건의 사항을 반영했습니다.

※ 설문지 양식: 폭력 예방 교육 운영 안내 매뉴얼 참고
　(양식 모음, 참고 10)

외부 강사 초빙 성교육 시 유의 사항

1. 교육내용, 교수·학습과정안 내부 결재 및 관련 교사 검토·공유
2. 성교육 시 담임(담당) 교사 임장 지도
3. 외부 전문기관 방문 성교육 운영 시 프로그램 및 교육 환경 사전 점검
4. 외부 전문기관 방문 성교육 체험활동 시 안전교육 및 관리 철저
5. 성교육 체험활동 추진 시 희망하지 않는 학생 대상으로 별도 교육 프로그램 운영

학교와 전문기관 간의 역할 및 공조 체제 적정성 확보

무조건적인 외부 전문기관 의존적·형식적 교육 지양
- 학교 밖 자원의 적절한 활용으로 학교 성교육의 실효성 제고
- 가급적 학교 교원에 의한 성교육을 원칙으로 함
- 외부 강사에 의한 일회성 집합교육 지양, 학급 단위의 체계적 교육 실시

[출처: 2023 한눈에 보는 학교보건 길라잡이, 서울시 교육청]

무조건 예쁜 여자?

이번 주 보건 수업 주제는 배우자의 선택과 이성관이다. 수업을 시작하기 전에 이성 친구의 선택 기준에 대해 물어보니, 녀석들은 이구동성으로 '예쁜 여자'라고 답을 한다. 뒤이어 물어본 배우자의 선택 기준 역시 갸름한 얼굴, 날씬한 몸매, 긴 생머리 등등 모두 외모에 관한 것들뿐이다. 매년 학생이 바뀌는데도 대답은 늘 똑같으니 신기할 따름이다.

학교 축제 때 찬조 공연을 온 여학교 댄스팀이 무대에 오르면, 체육관 지붕이 날아갈 듯한 함성을 지르며 누가 먼저랄 것도 없이 모두 자리를 박차고 일어나 물개박수를 치는 녀석들이, 외모를 1순위로 뽑는 것은 그리 이상한 일이 아니긴 하다.

하지만 평균 10년을 쓰는 세탁기나 냉장고 같은 가전제품도 디자인, 성능, 가격, A/S 등을 알아보기 위해 하이마트, 전자랜드, 대형 마트를 돌아다닌다. 이처럼 가전제품은 까다롭게 알아보고 신중하게 결정을 하는데 반해, 한번 선택하면 70~80년을 함께 할지 모르는 배우자에 대해서는 너무 단순하게 생각하는 것 같아 매년 이 수업을 한다.

녀석들에게 너무 먼 이야기일지도 모르겠지만 졸업하기 전에 그동안 '이성'에 대해 막연하게 그려본 본인의 생각을 구체적으로 정리해 보는 시간이 필요하다고 생각해서다. 처음에는 쑥스러워서 웃고 떠들며 장난스럽게 수업을 시작하지만, 점점 시간이 지나면 녀석들은 진지하게 몰입한다. 그리고 이런 결론을 낸다.

"예쁘고, 착한 여자!"

다소 현실감이 없어 보이지만 그래도 녀석들의 진지한 태도만큼은 칭찬해 주고 싶다.

보건샘's Talk

저는 성교육 시간에 '이런 사람이 좋아', '이런 사람을 만나고 싶어'라고 평소 했던 생각들을 마인드맵으로 정리해 보게 합니다.

생각나는 대로 쓱쓱 스케치해놓은 그림에 명암도 주고 색칠하며 완성시키듯, 막연히 생각한 것을 종이 위에 쓰다 보면 본인의 생각을 정리하게 됩니다.

자신이 무엇을 원하는지 무엇을 좋아하는지 들여다보게 하여, 자칫 분위기에 휩쓸리거나 상대방의 강요에 의한 선택을 하지 않도록 자신을 탐색하는 시간입니다.

되도록 구체적으로 작성하도록 하고, 원하는 경우 친구들 앞에서 발표도 하게 합니다. 장난스럽고 쑥스러워하기도 하지만 사뭇 진지한 아이들의 모습을 볼 때면 결코 이 시간이 헛되지 않으리란 믿음이 생깁니다. 그래서 저는 이 수업을 가장 아낍니다.

배우자 선택과 이성관

1. 충분한 이성 교제 기회와 교제 기간을 갖도록 하여 상대방의 내적, 외적 상황을 이해하고 상호 협력하는 관계로 발전할 수 있어야 한다.
2. 결혼은 현실이라는 점을 이해하여야 한다.
3. 상대방의 외적 조건만을 비교하기보다 인생관, 결혼 및 가족관, 인품 등의 내면적 요인들이 본인과 상호 조화를 이룰 수 있는지를 탐색한다.
4. 성숙한 사랑과 지속적 매력을 유지 시킬 수 있는 가능성을 검토한다.
5. 친구와 부모의 지지를 받는다.
6. 한 사람을 배우자로 선택한다는 것은 좋은 점만 보고 결정하는 것이 아니라 상대방의 부족한 점과 약점을 수용함을 의미한다.
7. 진정한 만남을 위해서는 자신의 장단점을 적절하게 표현함으로써 상호 이해하고 적응을 해야 한다.

[출처: 학교 성교육 표준안, 교육부]

솔직한 성

쭈뼛거리며 보건실에 찾아온 Z 군! 몸을 배배 꼬며 힘들게 말을 꺼낸다.

"선생님, 소변볼 때 아파서요."

그 말과 동시에 같이 온 친구 녀석들은 킥킥거리며 웃어댄다. 남자 고등학교 경력으로 금세 분위기 파악한 나는 녀석에게 물었다.

"어제 자위행위 많이 했어?"

당황한 Z 군은 쑥스러운 듯 헛웃음을 지으며 대답했다.

"네…."

녀석들이 좋아하는 지식인 검색 찬스를 쓰거나 애써 감출 수도 있었을 텐데, 보건 선생님을 믿고 이렇게 솔직하게 말하는 녀석이 기특했다. '솔직한 성'에 대한 태도에 칭찬해 주며 다른 증상이 있는지, 생식기 부위 외상이 있는지를 물었다. 다행히 크게 걱정할 만한 증상은 없어서 건강한 성을 위한 몇 가지 당부를 한 후 대화를 마무리했다.

유교 사상 때문에 성에 대해 쉽게 이야기하기 힘든 사회 분위기에 사는 녀석들에게, 보건실이 성에 대한 고민을 마음 편히 터놓을 수 있는 공간이 되길 바란다. 그리고 녀석들의 '건강한 성'을 응원한다.

보건샘's Talk

저는 성교육 첫 시간에 사춘기 몸의 변화에 관한 수업을 합니다. 자극적인 콘텐츠에 무방비로 노출되어 있는 아이들이 정작 자기 몸에는 관심이 없는 것 같아 자기 몸에 어떤 변화가 있는지, 이상 증후는 없는지, 자가 진단을 하도록 합니다. 그리고 진단 결과를 확인하며 변화된 자기 몸을 알아가도록 합니다.

그래서 올바른 자위 방법에 관한 수업 시간에는 소중한 자기 몸을 위해 두루마리 화장지 대신 질이 좋은 곽티슈 구입하기, 또 생식기 건강관리에 관한 수업 시간에는 '고환 자가 진단하기' 등 자기 몸에 관심을 가지고 실천할 수 있도록 미션을 주고 있습니다.

올바른 자위 방법

■ 제대로 자위하기

자위를 억지로 참고 안 하겠다는 생각으로 스스로를 억압하지 마세요. 일상적인 생활에 지장을 주지 않고 스스로 조절할 수 있다면 무리하게 참지 않아도 됩니다. 횟수는 주 2회 정도 하세요. 기왕 할 거라면 앞으로의 성생활에도 도움이 되는 방법을 찾아봅시다.

■ 음란물 없이 자위하기

음란물을 보면서 자위를 하면 몸의 감각을 제대로 느낄 수 없을 뿐만 아니라 사정 시간도 빨라집니다. 음란물은 생명, 사랑, 쾌락, 관계의 맥락에서 봐야 하는 성을 성기 삽입 행위로만 축소 시킵니다. 왜곡된 성 지식과 가치를 마음에 심습니다. 음란물을 많이 보면 강렬한 이미지와 소리에 중독되어 사랑하는 연인과의 성관계가 시시해지고 지루해집니다. 음란물에 속지 맙시다.

[출처: 아우성 빨간책 남자 청소년 편, 푸른 아우성 저, 올리브 M&B]

사나이의 찐 분노

아침 자습 시간에 G 군이 보건실에 왔다. G 군은 가슴이 답답하다고 했다. 얼굴 안색과 표정을 살펴본 후 신체 증상에 대해 문진하니 G 군은 아무래도 마음이 아픈 것 같았다.

"요즘 힘들구나…. 속상한 일 있어?"

이 질문은 마음이 아파서 찾아오는 녀석들에게 내가 주로 쓰는 처방전이다. 대단한 말도 아닌데 이 단순한 질문에 아이들은 기다렸다는 듯이 내게 말을 한다. G 군 역시 내가 물어보길 기다린 사람처럼 답을 하기 시작했다.

"여자친구랑 헤어졌어요. 그런데 너무 억울해서 화가 나요."

버스로 왕복 2시간이나 되는 거리를 여자친구 만나러 갔던 것, 사귀는 동안 여자친구가 싫어하는 것을 다 포기했던 것, 용돈을 털어서 선물 해줬던 것, 여자친구에게 시간을 쏟느라 성적이 나빠진 것, 일방적으로 이별을 통보받은 것 등등 모두 화가 난다고 했다. 중간 중간 말을 하면서도 그때의 기억이 떠오르는지 G 군은 금방이라도 울음을 터트릴 것 같은 표정을 지으며 분노하고 있었다. 일명 사나이의 '찐 분노'를 제대로 보여주며 G 군은 아침 자습 시간 내내 답답했던 마음을 내게 털어놓았다.

꽁꽁 싸매어 놓은 G군의 마음 보따리를 경청과 공감으로 풀어주며 이별은 마음 아프지만 여자친구와 만나며 행복했던 시간과 감정까지 부정하지 않기로 하고 우리는 이야기를 마무리 지었다. 훨씬 밝아진 얼굴로 돌아가는 G군을 보니, 이 순간을 내가 함께해 줄 수 있어 참 다행이라는 생각이 든다.

보건샘's Talk

학교에는 상담실이 따로 있어도 아이들의 기호에 따라 종종 보건실에 상담하러 오기도 합니다. 제가 성교육 담당자이기 때문에 주로 이성 교제나 성에 관한 주제가 많지만, 종종 가족과의 갈등이나 학업에 관한 문제로 찾아오는 아이들도 있습니다.

그리고 처음부터 상담하러 오는 일도 있지만, 마음의 병이 신체로 나타나는 것을 모른 채 약을 먹으러 왔다가 상담을 받고 가는 경우도 있습니다. 일시적으로 상담이 필요했던 아이라면 보건실에서의 짧은 상담으로도 충분히 해소되지만, 전문적인 상담이 필요한 아이는 상담실로 의뢰하고 아이에게도 설명해 줍니다. 반대로 상담실에 찾아온 학생 중에 보건실에서 외상치료나 건강에 관한 상담이 필요해 보이는 경우라면 상담실에서 보건실로 의뢰하기도 합니다.

이처럼 보건실과 상담실이 상호보완적인 관계가 된다면 아이들의 건강관리에 많은 도움이 될 것 같습니다.

청소년 감정 조절법

　사춘기 청소년들은 순간적인 감정을 조절하지 못하기 때문에 감정 조절하는 방법을 익히는 것이 중요하다. 감정 조절법의 원리는 몸속에 DHEA 호르몬을 생성시켜 안정을 취하는 것이다.

　심장은 미세한 감정에도 영향을 받고 이 정보를 뇌세포 전달하기 때문에 심장 호흡법은 감정 조절에 효과적이다. 호흡으로 몸속에 나쁜 감정을 완화 시키고, DHEA 호르몬을 분비시켜 좋은 감정으로 만든다. [DHEA(dehydroepiandrosterone) : 인체 내 부신에서 생성되는 생식 호르몬]

　심장 호흡은 평상시보다 고르게 5초 동안 숨을 들이마시고 5초 동안 숨을 내쉬는 방법이다.

[출처: 푸른 아우성]

가랑비에 옷이 젖듯

　보건교사로 근무한 지 어느새 10년이 훌쩍 넘었다. 하지만 여전히 내가 풀지 못한 숙제가 있다. 바로 금연 교육이다. 의욕만 앞섰던 초임 시절, 담배는 마음만 먹으면 딱 끊을 수 있는 것으로 쉽게 생각했었다. 세월이 흘러 이제는 알게 되었다. 금연은 나의 다이어트만큼 힘들다는 것을. 처음 금연 교실을 운영하면서 금연침, 아로마 향기요법, 미술치료, 학부모 상담 등등 해볼 수 있는 것은 다 해봤다. 하지만 흡연하다 적발되어 벌로 내린 금연 교실 참여는 교사의 열정만 있을 뿐 학생들의 열정은 없었다. 실패를 발판 삼아 담배 끊는 방법 대신 지금은 흡연자의 마음을 움직이는 방법으로 교육해 보려 노력하고 있다. 왜냐면 '내적 동기유발'이 금연의 중요한 열쇠라는 것을 알았기 때문이다.

　대상은 흡연자에서 전교생으로, 교육자는 교사에서 또래 친구로, 교육 방법은 강의식에서 체험과 캠페인 중심으로 바꿨다. 감춰둔 속마음을 털어놓고 해결 방법을 찾아보는 소시오 드라마 교육. 금연 노래 만들기 대회를 열고 수상 곡을 교내 밴드부가 부르는 '점심시간 금연 콘서트'. '금연 UCC 만들기 대회' 수상작을 보건 수업 시간에 시청각 자료로 활용. 금연 구역(피시방, 버스 정류장, 공원, 야구장)을 홍보하는 인증 사진을 SNS에 올리는 이벤트. 흡연 가족이나 흡연 친구에게 쓰는

'금연 권유 영상 편지 배달'. 이 모두가 전교생의 자발적인 참여로 이루어진 흡연 예방 교육이다. 흡연에 적발된 학생만 하는 어두운 금연 교육이 아닌, 모두가 축제처럼 참여하며 가랑비에 옷이 젖듯 녀석들의 마음속으로 금연에 관한 생각이 스며들길 바라본다.

보건샘's Talk

보건복지부에서는 매년 '금연 서포터즈'를 모집하고 있습니다. 저는 2013년에 '제1기 청소년 금연 서포터즈'에 지원하여 1년 동안 10명의 아이들과 활동을 했습니다. 함께할 아이들을 모집하는 것부터 활동 계획까지 챙겨야 할 일들은 엄청 많았지만, 기존의 틀에 박힌 흡연 예방 교육에서 벗어나 새로운 활동을 기획하여 자유롭게 해볼 수 있어 좋았습니다. 예를 들어 우리 학교에는 미술실에 도자기 공방이 있어 미술 선생님의 도움을 받아 '금연 다짐 목걸이' 만들기를 하였습니다. 또 교내 그룹사운드가 금연송 개사 대회에서 수상한 곡으로 점심시간 작은 콘서트를 열기도 했습니다.

학교 내 자원과 외부 자원을 찾아보면 비용과 시간을 절약하며 어렵지 않게 교육할 수 있는 것들이 많습니다. 금연 서포터즈 역시 보건복지부의 홍보 물품 지원을 받을 수 있고, 활동 후 우수활동팀에게는 상금과 상장도 주어지니 기회가 되면 도전해 보는 것을 추천합니다.

학교 흡연 예방 교육

1. 학교에서의 체계적인 흡연 예방 교육 실시
■ 모든 학생을 대상으로 교육 강화
   - 교육계획 수립 시 7대 안전교육 내용 체계안 적극 반영
   - 교육(지원)청은 흡연 예방 교육 미실시 학교에 대하여 행정지도 등을 실시하여 모든 학교에서 예방 교육이 실시될 수 있도록 조치

학교 안전교육 실시 기준 등에 관한 고시(교육부 고시)

구분		생활 안전 교육	교통 안전 교육	폭력예방 신변보호 교육	약물 및 사 이버 중독 예방 교육	재난 안전 교육	직업 안전 교육	응급 처치 교육
교육시간	초등학교	12	11	8	10	6	2	2
	중학교	10	10	10	10	6	3	2
	고등학교	10	10	10	10	6	3	2
횟수		학기당 2회 이상	학기당3 회 이상	학기당 2회 이상	학기당 2회 이상	학기당 2회 이상	학기당 1회 이상	학기당 1회 이상

7대 안전교육 표준안 내용 및 관련법령

영역	중분류	관련 근거	비고
생활 안전	체육 및 여가활동 안전		학기당 2회 이상
	시설 안전		
	제품 안전	학교급식법 및 생활교육 지원법 등	
	실험실습 안전	학교 안전사고예방 및 보상에 관한 법률	
	실종유괴 예방교육	아동복지법 시행령 제28조 1항	
교통 안전	자전거 안전	아동복지법 시행령 제28조 1항	학기당 2회 이상
	오토바이 안전		
	자동차 안전		
	대중교통 안전		
폭력 및 신변 안전	학교폭력 예방	학교폭력예방및대책에 관한 법률 시행령	학기당 2회 이상
	성폭력 예방	학교폭력예방 및 대책에 관한 법률 시행령	
	자살 예방(생명존중)	교육청 기본 계획	
	가정폭력 예방	가정폭력방지 및 피해자 보호 등에 관한 법률 시행령	
	아동학대 예방	아동복지법 시행령 제28조 1항	
약물 및 사이버 중독	마약류 폐해 및 예방	학교보건법 및 아동복지법 시행령 제28조 1항	학기당 2회 이상
	흡연 폐해 및 예방		
	음주 폐해 및 예방		
	고카페인 식품 폐해 및 예방		
	인터넷 게임 중독 예방	국가 정보화 기본법 시행령	
	스마트폰 중독 예방		
재난 안전	화재	아동복지법 시행령 제28조 1항	학기당 2회 이상
	사회재난		
	자연재난		
직업 안전	직업안전의식		학기당 1회 이상
	직업병		
	직업안전의 예방 및 관리		
응급처치	응급처치의 이해	학교보건법	학기당 1회 이상
	심폐소생술		
	상황별 응급처치		

저희 아빠 화 나셨어요

다양한 아이디어로 하고 싶은 프로그램이 참 많았던 신규 시절. 그중에서 흡연 학생을 대상으로 하는 금연 교실에 진심이었던 나는 잘하고 싶은 마음에 청소년 금연 지도사 자격증을 취득하고, 내친 김에 직접 발로 뛰며 학교 앞 내과와 한의원을 연계한 금연 프로그램을 만들었다. 퇴근 후에는 녀석들을 감시하려고 확인 전화도 하곤 했었다. 이런 내 열정 때문인지 극성 때문인지 모르겠지만, 평일 동안은 녀석들이 흡연 욕구를 잘 참아냈다. 하지만 문제는 주말이었다.

평일에 그렇게 잘했던 녀석들이 번번이 주말만 되면 고비를 넘기지 못하고 금연의 문턱에서 그만 실패하고 말았다. 그러고는 주말에 아빠가 집에서 담배를 피워서 참지 못했다는 궁색한 핑계를 댔다. 그 말을 듣고 있으면 말이 안 된다는 생각이 드는데, 그때는 이것 저것 뭐라도 다 해서 녀석들을 금연에 성공시키고 싶어 나는 최후 통첩을 하는 심정으로 녀석들의 아버지께 장문의 편지를 썼다. 아이들이 금연에 성공할 수 있도록 부모님께서도 함께 해달라는 내용과 함께 회신문을 같이 첨부했다. 그리고 월요일 금연 교실에 참석한 한 녀석이 큰 소리로 말을 했다.

"선생님! 저희 아빠 화나셨어요. 내 돈으로 내가 피운다는데 선생님이 왜 참견이냐고요."

예상치 못한 반응에 덜컥 겁이 났다. 하지만 여기에서 중단할 수 없지 않은가. 칼을 뽑았는데 무라도 썰어야지! 일단 오해는 풀어 드려야 하였기에 잔뜩 겁먹은 목소리로 아버님께 전화를 드렸다. 그런데 의외로 나보다 아버님께서 더 멋쩍어하시며 아이가 금연할 수 있도록 협조하겠다고 약속을 해주셨다. 얼마나 기뻤던지 그때 기억이 아직도 생생하다. 용기를 내서 전화한 덕분에 금연 교실은 잘 마무리되었고, 나는 또 하나를 확인했다. 청소년 금연에 부모님의 동참이 얼마나 많은 도움이 되는지 말이다.

보건샘's Talk

　금연 지도를 하며 깨닫게 된 것이 있습니다. 제아무리 훌륭한 금연 프로그램이라도 본인의 의지가 없으면 다 무용지물이라는 것을요. 그래서 아이들의 내적 동기를 이끌어낼 수 있는 것이 무엇이 있을까 고민하다 우연히 '소시오 드라마'를 알게 되었습니다.

　수소문 끝에 어렵게 강사를 초빙하여 총 8시간으로 진행했습니다. 처음에는 강의식 수업에 익숙한 아이들을 활동식 수업에 참여시키는데 약간의 고충은 있었지만, 회차가 진행될수록 마음속에 있는 갈등 문제를 표현하는 모습을 볼 수 있었습니다.

　금연의 성공 여부를 떠나 청소년 흡연은 단순히 그 자체의 문제를 넘어 학교 부적응, 가정, 친구 등의 문제까지 복합적으로 작용하기 때문에 학교에서 지도 프로그램으로 소시오 드라마를 다양하게 활용하면 효과가 있을 것 같습니다.

흡연 예방 교육 관련 법령

■ 학교보건법 제9조

학교의 장은 학생의 신체 발달 및 체력증진, 질병의 치료와 예방, 음주·흡연과 마약류를 포함한 약물 오용·남용의 예방, 성교육, 정신건강 증진 등을 위하여 보건교육을 실시하고 필요한 조치를 하여야 한다.

■ 국민건강증진법

제8조(금연 및 절주 운동 등) ①국가 및 지방자치단체는 국민에게 담배의 직접 흡연 또는 간접흡연과 과다한 음주가 국민 건강에 해롭다는 것을 교육·홍보하여야 한다. 〈개정 2006. 9. 27.〉

■ 아동복지법

제31조(아동의 안전에 대한 교육) ① 아동복지시설의 장, 「영유아보육법」에 따른 어린이집의 원장, 「유아교육법」에 따른 유치원의 원장 및 「초·중등교육법」에 따른 학교의 장은 교육 대상 아동의 연령을 고려하여 대통령령으로 정하는 바에 따라 매년 다음 각 호의 사항에 관한 교육계획을 수립하여 교육을 실시하여야 한다. (성폭력, 아동 학대, 감염병 및 약물의 오·남용 예방 등 보건위생 관리 등)

선무당이 사람 잡는다

 어제 방과 후 수업 시간에 소란스러운 일이 있었나 보다. 출근하자마자 이곳 저곳에서 전화를 받았다. 자초지종을 들어보니 방과 후 수업 시간에 한 녀석이 갑자기 정신을 잃고 쓰러졌다고 한다. 녀석의 이름을 부르며 깨워보았지만, 반응이 없어 모두가 당황했던 찰나에 한 녀석이 교무실 앞에 설치되어 있는 자동 제세동기를 잽싸게 들고 왔다고 한다.

 세월호 사건 이후 매년 심폐소생술 교육을 의무적으로 하고 있어서 녀석은 어렴풋이 기억을 떠올려 가져온 것 같다. 비록 적절한 조치는 아니었지만, 방관하지 않고 무엇이라도 해보려 했던 점은 칭찬해 주고 싶었다. 심장은 뛰는데 잠시 의식만 없었던 친구에게 자동 제세동기를 붙였더라도 전기 자극이 가지 않아 큰 위험은 없었겠지만, 부정확한 사용으로 또 다른 문제가 생겼으면 어쩔 뻔했나 안도의 한숨을 내쉬었다.

 문득 선무당이 사람 잡을 수도 있겠다는 생각에 앞으로 심폐소생술 교육을 더 열심히 해보리라 다짐을 했다. 녀석들의 머릿속에 콕! 콕! 박힐 때까지 말이다.

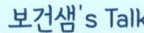

보건샘's Talk

　성폭력 예방 교육, 심폐소생술 교육, 흡연 예방 교육 등 매년 이수해야 하는 의무교육으로 새 학기가 되면 보건실에서는 강사 섭외로 곤욕을 치릅니다.

　전체 교직원을 대상으로 하다 보니 시험 기간이 가장 편리한데, 그건 전국의 중·고등학교가 모두 원하는 바여서 강사 섭외 전쟁이 일어납니다.

　게다가 전체를 대상으로 진행하는 일이라 부담스럽기도 하고, 매년 똑같은 강사를 섭외할 수도 없으니 더욱 신경이 쓰입니다.

　그래서 여러 채널을 통해 강사에 대한 후기들을 수집하기도 하고, 시험 기간이 같은 인근 학교와 연합하여 강사를 초빙하기도 합니다.

　이렇게 전국의 모든 초·중·고에서 매년 치르는 강사 초빙 전쟁! 교육청에서 강사 인력 풀을 구축하여 각 학교로 보내주면 어떨까요?

학교 심폐소생술 등 응급 처치 교육

1. 학생

■ 학교 교육계획 수립 시 반영하여 계획에 따라 연중 효율적으로 운영되도록 추진하며, 반드시 최소 1개 학년 이상의 모든 학생을 대상으로 실습을 포함한 심폐소생술 교육 실시

※ 초등학교는 2개 학년 이상 실시(권장)

※ 중학교는 자유학기제와 연계한 심폐소생술 교육 실시 방안을 적극 검토 · 추진

초5 이론(실습)	▶	초6 이론 + 실습	▶	중학교 이론 + 실습	▶	고등학교 이론 + 실습

■ 학년 단위 교육계획을 수립하여 추진하되, 교육계획 수립 시 7대 안전교육 내용 체계 안 적극 반영

2. 교직원

■ 모든 초·중·고등학교의 학교장은 「학교보건법」 제9조의2 제2항, 같은 법 시행규칙 제10조 및 별표 9에 따라 모든 교직원을 대상으로 심폐소생술 교육 실시

[출처: 학교 심폐소생술 등 응급처치교육 추진 계획, 대전광역시 교육청, 2022.02.24.]

자동 심장충격기 사용의 원칙

- 모든 심장정지 환자에게 무조건 심장 충격을 시도하는 것은 아니다.
- 심장충격기를 부착하여 분석 후, "심장 충격이 필요합니다."라는 지시문이 나오면 거의 100% 확실하게 심실세동 또는 심실빈맥이 확인된 것이다. 이런 환자에게는 즉시 심장 충격이 시행되어야 한다.
- 심장충격기를 부착하여 분석 후, "심장 충격이 필요하지 않습니다."라는 지시문이 나오면 정상에 가까운 심전도 소견이거나 심장 무수축이란 의미이다. 이런 환자에게는 즉시 가슴압박 등의 심폐소생술을 다시 시작해 주어야 한다.
- 의식이 있는 사람에게는 심장충격기를 부착하면 안 되며, 만일 의식이 회복된 사람에게 부착된 심장충격기에서 "심장 충격이 필요합니다."라는 지시문이 나오더라도 의식이 있는 경우에는 절대로 심장 충격 단추를 누르면 안 된다.

[출처: 자동심장충격기(AED) 설치 및 유지관리 안내, 대전광역시 교육청, 2022.11.02.]

보건실 즐겨찾기

초판 1쇄	2023년 6월 15일
초판 2쇄	2024년 1월 10일

지은이	이은아
펴낸곳	비비트리북스
출판등록	2019년 9월 6일 제379-2019-000100호

편집/교정	권현희, 문진환
디자인	케이엠디자인

주 소	경기도 성남시 수정구 위례순환로 220, 5512-1602
팩 스	031-696-5210
이메일	beebeetreebooks@naver.com
홈페이지	www.beebeetreebooks.com

Copyright ⓒ 이은아 2023
ISBN 979-11-91966-09-1 [03370]
값 16,000원

- 이 책은 저작권법에 따라 보호받은 저작물이므로 무단 전제와 복제를 금하며, 책 내용의 일부 또는 전부를 이용하려면 반드시 저작권자와 출판사의 서면동의를 받아야 합니다..
- 잘못된 책은 구입처에서 교환해 드립니다.